로컬 가이드가 알려주는

10일간의
영국 일주
인문학 여행

영국 일주는 나름대로 해외여행 경험을 오랜 시간 쌓아온 사람들이 가는 여행입니다. 보통 중국이나 일본, 그리고 동남아로 해외여행을 시작하고, 서유럽과 동유럽 때로는 미주를 다녀오고 한 국가를 집중적으로 둘러보는 여행을 합니다. 보통 영국 일주, 스페인 일주 또는 프랑스 일주 같은 상품으로 여행을 떠나기 마련입니다. 예전에는 여러 국가를 다니는 패키지가 인기였다면, 최근에는 한 국가를 집중적으로 돌아보는 패키지가 더욱 주목받고 있습니다.

여행을 다녀온 사람들은 일정을 마치고 인천공항에 도착하면 이렇게 말합니다. "나가면 개고생이야, 집이 최고야. 빨리 집에 가서 김치찌개랑 밥 먹자."

우리는 왜 해외여행을 갈까요? 보통 사람들은 그 이유를 새로운 경험이나 일상으로부터 탈출이라고 말합니다. 해외여행을 선호하는 이유는 해외에서 여행하는 기간보다 그 여행을 계획하고 준비하는 기간이 더 설레고 즐겁기 때문이라고 합니다.

국내 여행이 아닌 해외여행은 다소 불편함이 있지만 새로운 세상으로 떠나 다른 환경에 살아가는 사람들의 모습을 보고 그들의 문화를 즐기고 새로운 음식을 맛보며 사진으로만 봤던 세계의 랜드마크를 직접 내 눈으로 본다는 즐거움이 동반됩니다.

새로운 환경은 불편함의 연속입니다. 익숙하지 않고 그 나라의 규칙을 지켜야 하고 여러 가지 활동에 제약이 있어 불편합니다. 특히 패키지여행을 선택했다면 그 불편함이 극도에 달할 수도 있습니다. 우선 내가 먹고 싶은 것을 먹을 수 없습니다. 개별행동에 제약을 받습니다. 정해진 시간에 일어나고 숙소에 들어가야 합니다. 혼자 여유롭게 시간을 보내는 것도 허락되지 않습니다. 물론 최근 패키지여행 상품의 트렌드가 많이 바뀌어 패키지의 장점과 자유여행의 장점을 결합해 하루 또는 하루 반나절의 자유일정이 주어지는 상품들이 대거 등장하고 있습니다.

하지만 패키지만큼 편안한 여행도 없습니다. 무엇을 먹어야 하냐에 대한 고민이 필요 없습니다. 식사 시간이 되면 정해진 식당에 가서 맛있게 먹으면 됩니다. 그 나라에서 반드시 가야 할 관광지를 엄선해 스케줄을 만들었기 때문에 이곳저곳 이동시간을 절약해 알차게 꼭 봐야 할 곳을 다 볼 수 있습니다. 아침부터 저녁까지 모든 식사가 제공되고 호텔에 들어가 휴식을 취하고 또 다음 날 정해진 일정대로 다니면 되기 때문에 아무 고민 없이 명소에 도착하면 사진 찍고 차에 다시 타면 됩니다. 거기다 현지 가이드가 명소에 대해 설명해 주니 눈으로만 볼 뿐 아니라 장소에 깃든 역사와 의미를 알게 되어 때로는 감동도 있습니다. 그래서 사람들은 패키지여행을 선호합니다.

　이 책은 10일간의 영국 일주 패키지여행에서 다닌 대표적인 관광지와 역사적 배경 그리고 우리가 잘 알지 못했던 숨어있는 이야기들을 모았습니다. 그리고 중간중간에 패키지여행 중 에피소드를 삽입했습니다. 이 책이 영국 여행을 계획하는 데 도움이 되길 바랍니다.

차례

Day 4 /

중세로 간 타임머신 - 스코틀랜드

Day 5 /

북아일랜드에 잠긴 아픔 - 벨파스트

Day 1/

영국 여행의 시작
- 히드로 공항

설렘으로 알아보는 영국

영국의 수도 런던은 그야말로 세계적인 국제도시며 유럽에서도 가장 큰 도시입니다. 영국을 여행한 사람들은 런던보다는 영국 시골이 훨씬 볼 것도 많고 영국다운 면모를 느낄 수 있다고 말합니다.

모든 장거리 국제노선은 히드로 공항Heathrow Airport을 통해 영국에 들어오는데 정확히 말하면 잉글랜드에 도착한 것입니다. 영화 〈러브 액츄얼리Love Actually〉에 등장하는 바로 그 사람들이 만나고 헤어지는 공항으로 매우 복잡합니다. 유럽에서 가장 큰 국제공항답게 여러 인종의 사람들이 뒤섞여 있습니다.

1946년 개항한 히드로는 세계에서도 세 번째로 큰 공항으로 두바이 공항 다음 국제선 탑승객 세계 2위이며 영국의 국적항공사인 브리티쉬 에어웨이BA와 버진 애틀랜틱 항공Virgin Atlantic Airways의 허브공항입니다. 지금은 사라졌지만, 예전에는 세계에서 가장 빠른 여객기 '콩코드Concord'가 출발하고 도착했던 공항입니다.

히드로 안에는 5개의 터미널2터미널은 아시아나 항공, 4터미널은 대한항공이 있으며 연간 이용객은 3,500만 명이나 되며 카고 처리능력이 125만 톤에 달합니다. 본래 공군 기지였던 이곳을 2차 세계대전이 끝나고 민간 공항으로 개발해 운영하고 있습니다. 공항의 운영 주체는 영국공항공단British Airports Authority이었으나 대처 수상 때에 민영화를 시작해 현재는 스페인 회사인 '페로비알Ferrovial'이 가장 큰 지분을 소유하고 있습니다.

　영국은 잉글랜드, 스코틀랜드, 웨일스, 북아일랜드가 모인 연합
왕국으로 잉글랜드의 수도는 런던입니다. 런던에서 북쪽으로 9시간
정도 차로 달리면 스코틀랜드의 수도인 에딘버러에 도착합니다. 잉
글랜드에서 왼쪽에는 웨일즈가 있고 수도는 카디프입니다. 영국 왼
쪽 해협을 건너면 큰 섬이 또 하나 있는데 바로 아일랜드입니다. 그
아일랜드에서도 북쪽에 위치한 국가가 북아일랜드로 수도는 벨파
스트입니다. 영국은 그레이트브리튼 북아일랜드 연합왕국으로 공식
명칭은 'United Kingdom of Great Britain and Northern Ireland'입
니다. 약자로 우리는 보통 'UK'라고 부르고 있습니다.

　영국 전체면적은 24만㎢입니다. 우리나라 남북한 합쳐서 22만㎢
이니, 한국의 1.1배입니다. 인구는 6천7백만이 살고 있으며 세계 21
위의 인구를 가지고 있고 공식 언어는 영어입니다. 물론 웨일즈어와 아일랜드어가 있지만 영국의 모든 지역에서는 영어가 통용됩니다. 공식 화폐는 파운드를 사용하지만, 스코틀랜드와 북아일랜드에서는 각각의 은행에서 지폐를 따로 발행하고 있습니다. 현재 영국의 국왕은 2022년 영국 역사상 가장 오랜 기간인 70년을 재위했던 엘리자베스 2세 여왕이 서거하고 찰스 3세가 뒤를 이어 연합왕국의 국왕으로 재위하고 있습니다.

한때 '해가 지지 않는 나라'라는 별명이 있었던 초강대국이었습니다. 지구의 5분의 1이 영국 땅이었고 세계 인구의 5분의 1이 영국 국민이거나 영국의 식민지국 국민이었습니다. 물론 2차 대전이 끝나고 모든 패권을 미국으로 넘겨주었지만, 수백 년 이상을 세계 최강대국으로 군림했습니다. 현재도 전 세계 56개국이 영연방 국가 Commonwealth of Nations입니다. 이 중에는 캐나다, 오스트레일리아, 뉴질랜드 등이 있으며 그중 14개국의 국가 수장이 현재 영국 국왕 찰스 3세입니다.

찰스3세 대관식 후 버킹엄궁전

로컬 가이드가 알려주는
여행 100% 즐기는 노하우

　해외여행은 다양한 방법이 있지만 크게 자유여행과 패키지여행으로 구분할 수 있습니다. 개인의 특성과 여건에 따라 어떤 여행이 좋다 나쁘다고 말할 수 없습니다만 영국 현지 가이드로서 경험했던 다양한 사례를 중심으로 영국 여행을 100배 즐기는 노하우를 함께 공유하고 공감하고자 합니다.

　첫째, 영국 여행을 계획할 때 여행사와 상품을 신중하게 선택하는 것이 중요합니다. 각 여행사는 독특한 특색과 코스를 제공하므로, 여러 옵션을 비교하고 개인의 관심사와 예산에 맞는 상품을 선택하는 것이 좋습니다.

　두 번째, 패키지여행의 경우 현지에 도착하면 공동으로 움직여야 하니까 서로 양보와 배려가 가장 기본입니다. 한국에서 행동하던 그대로 할 수 없고 해서도 안 됩니다. 가끔 심한 욕을 하거나 소리를 지르는 사람이 있습니다. 뭔가 불만이 있어서 그런데 대부분 여행사를 향한 불만입니다. 여행사가 예약한 호텔 또는 식당에 대한 불만입니다. 영국에 대한 불만은 없고 영국 사람한테는 어떤 불만도 얘기하지 않습니다. 그런데 현지 가이드한테만 불만을 토로하는 경우가 대부분입니다. 불만을 전달하는 방식도 다양한데 전체적으로 좋은 분위기에 찬물을 끼얹는 일입니다. 이런 일이 발생하면 분위기는 싸해지고 함께한 팀들의 얼굴이 차가워지며 여행의 설렘이 첫 단추부터 얼룩진 상태에서 다니게 됩니다. 상대를 어떻게 대하느냐 따라 분위기가 아주 나빠질 수 있기 때문입니다. 불만을 해결하는 방법으로 한국 여행사에 연락해서 상황을 설명한다든가 현지 가이드를 통해 개선의 방법을 찾을 수도 있습니다. 때로는 현지에서 개선하지 못하는 경우에는 다른 방법으로 보상을 받을 수도 있기 때문에 무조건 소리치고 항의하는 것만이 방법은 아닙니다.

세 번째, 해외여행 시 불편함을 겪을 수도 있지만, 긍정적인 태도를 유지하는 것이 중요합니다. 최대한 긍정적으로 생각하고 가이드를 통해 정보를 얻어 활용하면 뜻하지 않은 보너스 같은 시간을 보낼 수도 있습니다. 현지 가이드는 누구보다도 많은 정보와 현지 사정을 잘 알고 있기에 도움을 받아 일정이 끝난 후 추가로 즐거운 시간을 보낼 수도 있습니다. 물론 단체로 움직이는 투어 특성상 안전을 위해 어디를 가든지 항상 주위 사람들에게 알리고 가야 합니다. 또한 로밍된 핸드폰은 반드시 지참해야 합니다.

넷째, 여행을 즐겁게 하려면 여행을 떠나기 전 현지에 대해 공부하는 것이 좋습니다. 보통 해외여행을 가면 아무 준비 없이 막연한 설렘으로 떠나는 경우도 있지만, 현지에 대해 어느 정도 깊이는 없더라도 그 나라에 대한 또는 그 지역에 대한 정보를 알고 가면 훨씬 유익한 여행이 될 수 있습니다. 정보라는 것은 간단한 역사나 현지 사정에 대한 것들입니다. 역사를 조금만 알고 가면 가이드가 설명할 때 즐거움을 느낄 수 있습니다. 내가 아는 얘기를 그 역사를 지닌 땅에서 들으면 더 재미있게 받아들일 수 있기 때문입니다. 간단히 인터넷에서 찾아 읽어도 되고 좀 더 깊이 있게 책을 읽고 가면 그동안 여행에서 느끼지 못한 인문학적 소양이 높아지고 뭔가 얻어온 기분을 느끼실 것입니다. 여행마다 다르긴 하지만, 어느 여행지는 경치가 전부라고 해도 유럽 어디를 가든지 경치만으로 끝나는 지역은 거의 없을 것입니다. 유럽은 서로 얽히고설킨 역사적 배경을 가지고 있기 때문에 학창 시절 공부했던 세계사가 다시 기억나고 따로 책을 보지 않아도 지식적인 즐거움을 찾을 수 있는 여행이 될 것입니다.

영국 여행의 시작 - 히드로 공항

Day 2 /

지성인과의 만남
- 옥스퍼드 &
스프랫퍼드 어폰 에이번

먹거리와 날씨는 기대하지 마세요

여행은 혼자만의 공간이 아니라, 서로 모르는 낯선 사람과 만남에서 시작합니다. 패키지여행은 낯선 타인과 함께하는 여행으로 처음엔 낯설지만, 여행을 하면서 더 친해지고 가까워지는 사람이 있는가 하면, 여행 끝나고 인연을 끊는 경우도 있습니다. 여행은 친한 사이에서도 몰랐던 모습을 보게 하는 것입니다. 패키지여행에서 중요한 것은 양보와 배려입니다. 서로를 이해하고 나와 다른 스타일이라도 이해와 양보가 중요합니다. "저 사람은 왜 저러지?"하다가도 "저분은 저런 스타일이구나"하고 이해하고 넘어가는 것이 좋습니다. 평생의 행동양식을 가진 사람이 여행을 통해 바뀔 필요는 없습니다.

영국 여행은 때때로 답답할 수 있습니다. 영국 사람은 인생의 반을 줄 서서 보낸다고 하죠. 어디를 가나 한 줄로 서는 문화가 있습니다. 은행이나 우체국에 가면 여전히 줄을 서는 문화가 있습니다. 호텔이든 어디든 뭘 요청하면 "One minute"하고 오지 않는 경우가 많습니다. "One second"하고도 나오지 않기도 합니다. 이는 "잠깐만 기다려 주세요"와 같은 의미입니다. 영국인의 일 처리 스타일은 우리가 바꿀 수 없습니다. 답답하고 짜증 나더라도 이해하고 넘어가는 것이 좋습니다.

영국에는 비가 오는 날씨와 비가 많이 오는 날씨로 나뉩니다. 보통 여행을 떠날 때 "우리가 가면 비가 그친다"고들 하지만, 영국은 여름 7~8월을 빼고는 대부분 비가 오기 때문에 영국 사람들은 우산 대신 레인코트가 대중화되어 있습니다. 영국 날씨는 하루에 다섯 계절을 볼 수 있다고 합니다. 사계절과 '비'가 하나의 계절처럼 여겨집니다.

영국에서 기대하지 말아야 할 것 중 하나는 음식입니다. 많은 이들이 영국 음식 하면 '피쉬 앤 칩스'를 떠올립니다. 스테이크나 로스트비프도 있지만, 대체로 맛에 대한 기대는 크지 않습니다. 영국의 주식은 감자로, 거의 모든 음식에 감자가 등장합니다. 영국 여행 중에는 거의 모든 식사에 감자가 나올 것입니다. 튀겨서, 으깨서, 삶아서 나오는 등 감자는 다양한 형태로 제공됩니다. '피쉬 앤 칩스', '햄버거 앤 칩스', '스테이크 앤 칩스' 등 다양한 메뉴에 감자가 따라 나오지만, 유일하게 없는 메뉴는 '칩스 앤 칩스'라고 합니다.

감자는 맛있지만, 영국 음식의 맛에 큰 기대를 하지 않는 것이 좋습니다. 음식 맛은 기대치 이하일 수 있지만, 다른 선택지가 없으니 잘 먹어야 합니다. 지옥에 가면 주방장은 꼭 영국 사람이라고 합니다.

영국의 대표 전통음식 피쉬 앤 칩스

옥스퍼드대학

옥스퍼드에 도착하면, 대부분의 사람들이 대학의 위치를 묻곤 합니다. 옥스퍼드는 진정한 대학 도시로, 도시 전체가 대학이라고 할 수 있습니다. 우리가 알고 있는 옥스퍼드대학교는 38개의 칼리지로 구성되어 있습니다. 세계 최초의 대학은 이탈리아 볼로냐 대학이며, 옥스퍼드는 두 번째로 설립된 대학입니다.

보통, 옥스퍼드 시내에 위치한 애슈몰린 박물관Ashmolean Museum 앞에서 시작하여 크라이스트처치 칼리지까지 걸어갑니다. 이후 시내를 걸으며 워킹투어를 진행하고, 투어가 끝나면 다시 애슈몰린 박물관 앞에서 코치를 만납니다.

마들린 스트리트를 지나면 카팍스 타워Carfax Tower가 보입니다. 이 타워는 23m 높이이며, '카팍스'라는 단어는 프랑스어 '까르프'와 라틴어 'quadrifurcus'에서 유래되었으며, '교차로'라는 의미를 가지고 있습니다. 이 타워는 옥스퍼드 시내 중심부에 위치하며, 세인트마틴 타워라고도 불립니다. 탑 꼭대기에 설치된 시계는 15분마다 종을 울립니다. 원래 12세기 세인트마틴 교회의 일부였으나, 현재는 타워만 남아 있습니다. 타워는 시의회의 재산으로, 옥스퍼드 중심부에 지어지는 건물은 이 타워보다 높게 지을 수 없다는 규정이 있습니다. 과거에는 옥스퍼드 학생들이 타워로부터 9마일 이내에서만 거주할 수 있었다고 합니다.

카팍스 타워

  타워 건너편에 있는 은행 건물은 1355년 2월 10일 옥스퍼드에서
발생한 비극적인 사건, '성 스콜라스티카 축일 폭동'이 시작된 장소
입니다. 당시 그 자리에는 스윈드레스톡Swindlestock이라는 펍이 있
었고, 두 학생이 와인의 질에 불만을 품고 술집 주인과 싸움을 시작
했습니다. 이 싸움은 여관의 손님들까지 합류하며 이틀 동안 지속되
는 폭력 사태로 번졌습니다. 결과적으로 63명의 학자와 30명의 주민
이 희생되었습니다. 이 사건 이후 시장과 시의원들은 희생자들을 추
모하기 위해 '성 스콜라스티카의 날St. Scholastica Day'에 거리 행진과
추모 예배를 진행했으며, 시장은 사망한 학자 한 명당 1페니의 벌금
을 내었습니다. 이 행사는 1825년에 중단되었지만, 마을 사람들과
학생들 간의 갈등은 이전부터 있었습니다. 1209년, 지역 주민과 학

생들 사이의 폭력 사태가 발생했고, 이로 인해 이곳을 떠난 학자들과 학생들이 케임브리지에 새로운 학교를 설립했습니다. 이것이 바로 현재의 케임브리지대학입니다.

옥스퍼드에서는 1878년에 처음으로 여성을 위한 칼리지가 설립되었습니다. 20세기에 들어 1920년에 정식으로 여학생을 받아들이기 시작했고, 1927년에는 여학생 비율이 전체의 25% 이내로 제한되었습니다. 1970년대까지 대부분의 칼리지들이 남녀로 구분되었지만, 1974년부터 5개의 칼리지에서 여학생을 받기 시작하며 남녀공학이 되었습니다. 2008년까지 여학생만을 받던 '세인트 힐다스 칼리지St. Hilda's College'가 남학생을 받기 시작하면서 현재는 모든 칼리지가 남녀공학으로 운영되고 있습니다.

크라이스트처치 칼리지

카팍스 타워에서 남쪽으로 조금만 내려가면 옥스퍼드대학 중에서도 가장 유명하고 큰 규모를 자랑하는 크라이스트처치 칼리지가 있습니다. 이 칼리지는 1525년 울시 추기경Thomas Wolsey에 의해 설립되었으며, 처음에는 카디널 칼리지Cardinal College로 불렸다가 1532년 헨리 8세에 의해 현재의 이름으로 재설립되었습니다. 총 13명의 영국 수상을 배출한 이 대학은 루이스 캐럴, 철학자 존 로크John Locke, 물리학자 로버트 훅Robert Hooke 등 유명 인사들의 모교이기도 합니다.

크라이스트처치 칼리지는 영화 〈해리 포터〉 시리즈의 촬영 장소로도 유명합니다. 이곳의 학생식당, 그레이트 홀은 해리와 론, 헤르

그레이트 홀

미온느가 맥고나걸 교수를 처음 만난 장면의 배경이 되었습니다. 실제 촬영은 그레이트 홀을 모델로 한 세트장에서 이루어졌지만, 여전히 학생들이 식사하는 장소로 사용되고 있으며 그 규모에 압도당할 수 있습니다. 홀 끝에는 헨리 8세, 엘리자베스 1세, 울시 추기경의 초상화가 걸려 있습니다. 학생들은 정장과 아카데믹 가운을 입고 식사를 하며, 교수들과 초청된 게스트는 하이 테이블에 앉습니다.

크라이스트처치 칼리지의 또 다른 유명한 부분은 톰 타워Tom Tower와 쿼드Quad라 불리는 안뜰입니다. 중앙에 위치한 머큐리 분수The Fountain Mercury에는 머큐리 동상이 자리 잡고 있습니다. 이 타워와 톰 벨Tom Bell은 세인트폴 대성당을 설계한 크리스토퍼 랜Cristopher Wren에 의해 설계되었습니다. 처음에는 2톤이었던 종은 몇 차례 재주조를 거쳐 현재는 7톤으로 유지되고 있으며, 매일 저녁 9

크라이스트처치 칼리지

시 5분에 101번 울립니다. 이는 당시 학생 수 100명을 상징하고, 추가 1번은 1663년에 입학한 한 명의 학생을 의미합니다. 9시 5분에 종을 울리는 이유는 그리니치천문대와 옥스퍼드 사이의 5분 시차 때문입니다.

크라이스트처치 칼리지를 나서면 세인트메리 교회St Mary church로 향합니다. 길을 걸으며 좌측으로 커버드 마켓Covered Market을 볼 수 있습니다. 옥스퍼드에서 가장 큰 시장으로, 지붕이 있는 구조가 특징입니다. 카페와 먹거리가 많은 이 시장은 매력적인 장소입니다. 이어서 도착하는 세인트 메리 교회는 옥스퍼드에서 가장 높은 건물이며, 1555년 순교자들의 재판이 열렸던 곳입니다. 바로크 양식의 아름다운 첨탑을 자랑하며, 내부에는 영국 전역에서 손꼽히는 아름다운 오르간이 있습니다. 운이 좋다면, 참나무 케이스에 조각된 오르간의 멋진 소리를 들을 수도 있습니다.

래드클리프 카메라, 보들리안 도서관

세인트 메리 교회를 지나면 바로 원형 건물인 래드클리프 카메라Radcliffe Camera가 눈에 들어옵니다. 이 건물은 1749

래드클리프 카메라

년에 완공되었으며, 옥스퍼드대학의 독특한 첨탑 건물들 중 하나입니다. 돔 형식의 이 건물은 외과의사인 래드클리프 박사가 기부한 자금으로 만들어졌으며, 현재는 보들리안 도서관의 열람실로 사용되고 있습니다. 이곳은 흔히 '레드 캠Rad Cam'이나 '더 카메라The Camera'라고 불리는데, 여기서 '카메라'는 '방'을 의미합니다.

래드클리프 카메라 바로 옆에는 보들리안 도서관Bodleian Library이 자리 잡고 있습니다. 영국에서 두 번째로 큰 도서관인 이곳은 1602년 토마스 보들리Thomas Bodley가 2,000권의 책을 기부하며 개관했

보들리안 도서관

습니다. 현재는 9km 길이의 선반에 176만 권의 책을 보유하고 있으며, 한 번에 2,500명이 이용할 수 있는 규모를 자랑합니다. 영국에서 출판되는 모든 책은 이 도서관과 영국도

허트포드 칼리지, 탄식의 다리

서관British Library에 의무적으로 보내져야 합니다. 보들리안 도서관에는 구텐베르크 성경, 셰익스피어의 초기 전집, 콜럼버스가 대서양 항해를 위해 사용했던 지도 원본 등 가치 있는 자료들이 소장되어 있습니다. 이 도서관은 〈해리 포터〉의 촬영지로도 유명합니다.

도서관과 마주 보고 있는 대학은 허트포드 칼리지Hertford College 입니다. 이 대학은 옥스퍼드에서 다섯 번째로 오래된 대학으로, 처음에는 하트 홀Hart Hall이라는 이름으로 시작되었습니다. 'Hart'는 붉은 사슴 수컷을 의미하는데, 현재 학교 문장에도 사슴 머리가 그려져 있습니다. 이 대학에는 본관 건물과 기숙사를 연결하는 이탈리아 탄식의 다리를 연상시키는 다리가 있습니다. 한쪽은 기숙사 건물이고, 다른 쪽은 강의동이 있는데, 학생들이 이 다리를 건너면서 성적에 대한 실망감이나 시험 스트레스로 한숨을 쉬었다고 해서 '탄식의 다리The Bridge of Sighs'라고 불립니다.

이 다리를 지나면 아주 작은 골목을 만날 수 있습니다. 이 좁은 골목을 따라가면, 대학 건물들 사이에 숨겨진 터프 타번Turf Tavern이라는 선술집을 발견할 수 있습니다. 1381년부터 영업해 온 이 펍은 옥스퍼드 학생들에게 인기가 많습니다. 리처드 버튼, 엘리자베스 테일러, 토니 블레어, 스티븐 호킹, 마거릿 대처, 빌 클린턴 등 유명 인사들이 학창 시절 자주 찾았던 곳입니다. 옥스퍼드의 여러 펍 중에서도 C. S. 루이스와 톨킨이 단골이었던 '이글 앤 차일드Eagle and Child'와 함께 가장 유명한 펍 중 하나입니다.

터프 타번

이글 앤 차일드 펍

펍을 나와 다시 큰길로 나서면, 1669년에 완공된 쉘도니안 극장 Sheldonian Theatre이 보입니다. 이 극장을 둘러싼 철재 담과 기둥에는 그리스 시대 철학자들의 두상이 조각되어 있는데, 이는 극장의 역사적인 가치를 더해줍니다. 쉘도니안 극장은 주로 옥스퍼드대학의 졸

쉘도니안 극장

업식 장소로 사용됩니다. 옥스퍼드대학의 졸업식은 연중 내내 진행되는데, 이는 학위를 공식적으로 받으려면 졸업식에 반드시 참석해야 하기 때문입니다. 졸업식 날에는 공식적으로 학위 수여증을 받게 됩니다.

졸업식에는 졸업생 외에도 최대 3명의 게스트를 동반할 수 있으며, 게스트는 입장권을 구매해야 합니다. 입장권의 가격은 27파운드이며, 이를 통해 졸업식 후 리셉션에 참여해 간단한 음식을 제공받게 됩니다. 또한, 7세 미만 아동은 공식적인 졸업식 행사에 참석할 수 없으며, 졸업생은 각자 소속된 칼리지의 졸업식 날짜를 선택하여 참석하게 됩니다.

옥스퍼드 시내를 걷다 보면, 검정 가운을 입고 한쪽 가슴에 꽃을 단 학생들을 종종 볼 수 있습니다. 이는 주로 시험 기간에 관찰되는 풍경입니다. 이 꽃들은 각각 다른 색을 띠고 있는데, 학생들은 흰색, 분홍색, 또는 붉은 장미를 달고 다닙니다. 이 꽃들은 옥스퍼드대학의 전통으로, 시험이 끝났음을 나타냅니다. 흰색은 첫 번째 시험을 마친 후, 분홍색은 두 번째 시험, 그리고 붉은 장미는 세 번째이자 마지막 시험을 마친 후에 달게 됩니다.

학생들은 검정 가운을 걸치고, 가슴에 때로는 꽃잎이 다 떨어진 꽃을 달고도 자랑스럽게 활보합니다. 이러한 모습을 보며, 그들 중 미래의 영국을 이끌 세계적인 지도자가 탄생할 수도 있음을 느낄 수 있습니다. 그들의 얼굴에서 미래의 가능성을 엿볼 수 있습니다.

대학입시 만점자도 떨어지는 옥스퍼드

옥스퍼드대학은 많은 유명한 졸업생을 배출했지만, 한편으로는 우수한 성적을 거둔 영국 학생들이 옥스퍼드에 지원했다가 두 번이나 낙방한 사례가 있습니다. 2013년에는 북아일랜드 왕립문법학교의 알라스티어 헤론Alastair Herron이라는 18세 소년이 영국 전체 수석에도 불구하고 옥스퍼드 입학에 실패했습니다. 그는 이후 미국의 스탠포드대학에 진학했습니다. 2000년에는 여학생 로라 스펜스Laura Spence가 영국 전체 수석임에도 옥스퍼드에 낙방하고, 하버드대학으로부터 35,000파운드의 장학금을 받고 미국으로 떠났습니다.

당시 영국의 재무장관이었던 고든 브라운Gordon Brown은 옥스퍼드대학이 엘리트주의에 빠져 있으며 낡고 고질적인 면접 시스템으로 인해 잘못된 판단을 하고 있다고 비판했습니다. 그는 옥스퍼드를 비효율적인 조직으로 규정하고 정부의 예산을 낭비한다고 맹비난했습니다. 이에 대해 옥스퍼드대학 대변인은 공식 논평을 통해 "매년 전 세계에서 지원하는 수천 명의 우수한 학생들을 떨어뜨려야 한다"며, "로라 스펜스 학생은 매우 우수한 성적을 가진 학생이지만, 입학 결정은 학교 고유의 권한에 속한다"고 밝혔습니다. 2013년에도 대학 대변인은 유사한 논평을 내놓았습니다.

옥스퍼드 출신 사람들

옥스퍼드대학은 케임브리지대학과 함께 영국은 물론 세계적으로도 유명한 대학으로 인정받고 있습니다. 보통 이 두 대학을 합쳐 '옥스브리지Oxbridge'라고 부르는데, 옥스퍼드는 영국 최초의 대학이며 케임브리지는 그다음으로 설립된 대학입니다. 옥스퍼드 출신의 영국 수상은 총 28명이며, 2019년 기준으로 72명의 노벨상 수상자를 배출했습니다. 또한, 19개국의 국가원수 25명과 10개국의 국왕 13명이 이 대학 출신입니다. 영국 국왕 다음으로 중요한 성공회의 지도자인 캔터베리 대주교 중 20명도 옥스퍼드 출신이며, 케임브리지대학 출신 노벨상 수상자는 120명에 달합니다.

빌 클린턴

엠마 왓슨

로완 앳킨슨

휴 그랜트

'더 랭킹The Ranking'에 따르면 세계 대학 순위에서 옥스퍼드가 1위를 차지했습니다. '더 랭킹'은 〈타임즈The Times〉에서 발행하는 교육 관련 주간지 〈타임즈 하이어 에듀케이션The Times Higher Education〉에서 연간 발표하는 고등교육 기관 평가 결과입니다.

최초의 칼리지는 1249~1264년 사이에 세워진 '베일리올 칼리지1263', '머튼 칼리지1264'와 '유니버시티 칼리지1249'가 있습니다. 기록에 의하면 1096년에 옥스퍼드에는 초기 교육 형태가 이뤄져 있었기 때문에 옥스퍼드 역사의 시작을 이때로 보기도 합니다. 옥스퍼드 출신의 유명인은 이루 헤아릴 수 없을 정도로 많습니다. 그중 미국 42대 대통령 빌 클린턴Bill Clinton, 영화배우 엠마 왓슨Emma Watson, 휴 그랜트Hugh Grant, 미스터 빈으로 유명한 로완 앳킨슨Rowan Atkinson 등이 있습니다.

그 밖에도 문학인으로는 《반지의 제왕》을 쓴 J. R. R. 톨킨John Ronald Reuel Tolkien과 《나니아 연대기》를 쓴 C. S. 루이스Clive Staples Lewis가 있습니다. 둘은 각각 머튼 칼리지Merton College와 모들린 칼리지Magdalen College 교수로 재직했습니다. 그리고 또 한 사람은 《이상한 나라의 앨리스》를 쓴 루이스 캐럴Lewis Carrol입니다. 캐럴은 그의 필명이었고 본명은 찰스 도지슨Charles Dodgson입니다. 그의 '크라

나니아 연대기와 반지의 제왕

이상한 나라의 앨리스

이스트처치 칼리지Christ Church College'에서 수학으로 학위를 받았고 같은 학과 교수였습니다.

한국 사람들은 잘 모를 수 있지만 리처드 버튼Richard Burton이란 배우가 있습니다. 엘리자베스 테일러Elizabeth Rosemond Taylor의 남편 이기도 했고, 아카데미상 후보에 7번 지명됐던 배우입니다. 웨일즈 출신으로 한때 옥스퍼드대학에서 강의한 적도 있었습니다. 대표작품으로 〈누가 버지니아 울프를 두려워하랴〉, 〈클레오파트라〉 등이 있습니다. 또한 영국의 역대 햄릿을 연기한 배우 중 가장 위대한 햄릿 배우이기도 합니다.

아일랜드 출신의 위대한 작가 오스카 와일드Oscar Wilde는 아일랜드 더블린에 있는 트리니티 칼리지에서 고전문학을 전공하고 옥스퍼드에서 문학을 공부했습니다. 스코틀랜드 에딘버러에 가서 동상으로 만날 수 있는 애덤 스미스Adam Smith는 14살에 스코틀랜드 글라스고대학에서 공부하고, 1740년 옥스퍼드에 장학생으로 입학했습니다. 다만 모든 과정을 마치지 못하고 자퇴 후 글라스고대학 교수로 갑니다.

옥스퍼드 대학 출신 유명인은 정말 많습니다. 또 한 명 퀸즈 칼리지Queen's College에서 학사와 석사를 마친 공리주의 법철학자 제레미 벤담Jeremy Bentham이 있습니다. 그의 시신이 박제로 만들어져 UCL University College London 로비에 전시된 것으로도 유명합니다. 벤담은 "최대 다수 최대 행복"을 주장한 사람입니다. 그는 공리주의와 자유주의를 창시한 인물입니다.

공리주의功利主義의 '공功' 자는 공로, 공적과 같은 단어에 쓰이는 글자입니다. 즉, 공리주의는 노력하고 일하는 사람들의 이익을 위한 주장입니다. 그의 젊은 시절 영국은 산업혁명이 일어나고, 프랑스에서는 시민혁명이 일어났습니다. 그 당시 사회는 불합리한 환경에 대한 변화를 주장했습니다. 즉 "행복은 쾌락의 총량이 고통의 총량보다 많게 하는 것"입니다.

벤담은 자신의 공리주의를 죽는 순간까지 실천한 사람입니다. 자신의 시신이 땅속에서 썩는 것보다 해부 실습에 쓰여서 공공의 이익에 이바지하기를 원해 '오토 아이콘Auto-Icon' 개념을 주장했습니다. 자신의 친구에게 부탁해 사후 시신을 박제로 만들어 설립할 당시 자신이 발기인으로 참여했던 UCL대학에 전시해 달라고 했습니다. 지금까지도 그의 박제는 대학의 고문으로서 가끔 이사회에 참석하기도 하고 총장의 은퇴식에도 참석한다고 합니다. 1975년에는 그의 머리가 학생들에 의해 도난당한 적도 있습니다. 현재는 대학박물관 지하에 머리는 따로 보관하고 박제에는 밀랍으로 제작한 머리를 두었습니다. 지금도 유리관 안에 보관되어 있는데 재밌는 것은 학교 측에서 작은 카메라를 유리관 위에 설치해 영상을 찍어 SNS에 올리고 있다는 것입니다. 마치 벤담의 시선에서 학생들을 보는 듯합니다.

옥스퍼드 출신으로 감리교 창시자이자 성공회 사제였던 존 웨슬리John Wesley 목사님, WWW월드 와이드 웹의 창시자이자 컴퓨터 과

학자 팀 버너스-리Tim Berners-Lee, 헨리 8세 시대 법률가로서 영국의 대법관이자 정치가, 그리고 가톨릭과 성공회 성인으로 《유토피아》 저자로 유명한 토마스 모어Thomas More도 옥스퍼드 출신입니다. 1516년 발표한 《유토피아》는 상상의 섬으로 지금은 '이상향'으로 해석되지만 간단히 말하면 경제는 공산주의, 정치는 민주주의 그리고 교육과 종교의 자유가 보장된 가장 이상적인 국가를 묘사한 소설입니다.

미얀마의 영웅 아웅산 수치Aung San Suu Kyi도 옥스퍼드 출신입니다. 옥스퍼드 출신 영국 수상은 마거릿 대처Margaret Thatcher를 비롯한 토니 블레어Anthony Charles Lynton Blair, 테레사 메이Theresa May, 리시 수낙Rishi Sunak, 리즈 트러스Liz Truss, 보리스 존슨Boris Johnson 등이 있습니다.

머튼 칼리지

미스터리 대문호 셰익스피어

영국을 이해하려면 셰익스피어에 대해 조금은 이해해야 할 것입니다. 왜냐면 그의 인생과 그의 문학에는 영국이 있고 당시의 역사가 있습니다. 그보다 더 중요한 건 영어가 있기 때문입니다.

셰익스피어는 극작가이자 시인입니다. 누구나 셰익스피어의 작품을 읽거나 연극을 본 적이 없더라도 햄릿은 들어봤을 것입니다. 왜일까요?

그렇지만 햄릿의 내용을 아냐고 물어보면 대부분은 잘 모릅니다. 그는 평생 38편의 희곡과 2편의 장편시, 그리고 소네트를 남겨 놓았습니다. 그가 쓴 희곡은 〈햄릿〉 외에 보통 사람들은 〈로미오와 줄리엣〉을 얘기합니다. 또 어떤 작품이 있을까요? 그리고 4대 비극은 무엇일까요?

4대 비극은 〈햄릿〉, 〈맥베스〉, 〈리어왕〉, 〈오셀로〉입니다. 그의 첫 작품은 〈헨리 6세〉로 기록되어 있고 우리가 아는 작품들은 〈실수연발〉, 〈말괄량이 길들이기〉, 〈베로나의 두 신사〉, 〈사랑의 헛수고〉, 〈한여름 밤의 꿈〉, 〈베니스의 상인〉, 〈헛소동〉, 〈뜻대로 하세요〉, 〈십이야〉, 〈겨울 이야기〉, 〈태풍〉 등이 있습니다. 셰익스피어 생가보존회 공식자료에 따르면 그의 첫 희곡은 1591년 〈베로나의 두

신사〉와 〈말괄량이 길들이기〉 헨리 6세, 2부와 3부가 모두 같은 해에 발표된 것으로 나옵니다. 〈햄릿〉은 1601년에 완성되었고 같은 해 〈십이야〉, 〈불사조와 산비둘기〉가 함께 발표됐습니다. 이제부터 셰익스피어에 대해 좀 더 알아보겠습니다.

    셰익스피어는 영국의 전형적인 중산층 가정에서 8남매 중 셋째로 태어났습니다. 바로 지금 우리가 가고 있는 스트랫퍼드 어폰 에이번에서 태어났습니다. 당시 이곳은 영국의 전형적인 작은 농촌 마을이었습니다. 인구가 2,000명 정도였던 도시였고 코츠월드의 끝자리에 위치한 자연이 아름다운 마을입니다.

    그는 7살이 되던 1571년에 그래머 스쿨, 즉 문법학교에 들어갑니다. 당시 영국에는 우리가 다녀왔던 옥스퍼드와 같은 대학이 존재했습니다. 즉, 고등교육 체계가 갖춰져 있었지만, 셰익스피어가 정규교육을 받은 것은 문법학교가 전부입니다. 문법학교에서는 보통 라틴어, 논리학, 수사학 등을 배우며 성서, 그리스나 로마 극작과 같은 것들을 배웠습니다. 그는 거기서 바질Virgil과 리비Livy와 같은 로마 역사가에 대해 배웠을 것이며 그리스 극작가 아이스킬로스, 소포클레스, 아리스토파네스, 에우리피데스와 같은 희비극 작가들의 영향을 받았을 것이라 주장합니다. 그가 다니던 학교 이름은 현재 '에드워드 6세 문법학교'이지만 당시 이름은 '킹스 뉴 스쿨King's New School'이었습니다.

    그의 아버지 존 셰익스피어는 장갑 제작을 하는 업에 종사했고 셰익스피어가 4살 되던 해에 작은 마을이긴 하지만 그 지역 시장이 되었습니다. 아마 어린 셰익스피어는 아버지가 시장으로서 예복을 입

셰익스피어 생가

고 헨리 스트리트의 거리를 행렬들과 함께 거니는 모습에 큰 인상을 받았을 것입니다. 그의 생가에는 지금도 그 당시 작업장 모습을 그대로 재현해 놓았습니다. 그의 생가를 보고 난 후 기념품점을 통해 밖으로 나올 것입니다. 기념품점 건물은 당시 셰익스피어의 이웃집인 대장장이 리처드 혼비Richard Honby가 살던 집이라고 합니다. 아마도 혼비의 자녀들과 셰익스피어는 이웃집이었기에 어린 시절 같은 동네 좋은 친구라 추측됩니다.

생가를 보면 당시 가죽장갑을 만드는 작업실이 있었고 이 집에서 장갑을 팔았습니다. 현재 생가로 보존된 건물은 처음 지어지고 난 후 서쪽 끝에 방 2개가 별채로 추가되었고 그의 여동생 조안Joan과 남편 윌리엄 하트William Hart가 함께 살았습니다. 그녀는 이 집은 1601년 아버지로부터 물려받아 나중에 여관으로 운영하기도 했습니다. 생가는 셰익스피어 후손들이 소유하고 있다가 19세기 초에 집이 낡아지고 매물로 나오게 됩니다. 1846년 우리에게 소설《크리스마

스 캐럴》, 《올리버 트위스트》로 유명한 찰스 디킨스Charles Dickens가 주축이 되어 셰익스피어 생가 보존회가 설립되고 당시 3,000파운드에 구입해 1847년 국가에 기증하게 됩니다.

1579년 셰익스피어는 다니던 문법학교를 자퇴합니다. 이유는 아버지 존의 사업이 기울어지자 한때 지역의 유명인사지만 대부분의 재산을 잃었기 때문입니다. 아마도 아버지 존의 사업이 계속 번창했거나 유지됐다면 셰익스피어는 그 동네의 젠틀맨으로서 잘 살았을 것이고 인류는 그의 위대한 문학을 만나지 못했을 것입니다. 1582년 11월 27일 성공회 관구로부터 혼인 허가를 받은 셰익스피어는 18살에 자신보다 8살 연상인 앤 해서웨이Anne Hathaway와 결혼합니다. 앤의 아버지는 존을 두 번이나 빚에서 구제해 주고 보증인 역할을 했던 리차드 해서웨이의 딸입니다. 정확한 결혼 날짜는 알 수 없지만 허가받은 날로 계산하면 6개월 만인 1583년 5월 23일 첫딸 수잔나Susanna를 낳았고, 2년 후 1585년 쌍둥이 남매 햄릿Hamnet과 주디스Judith가 태어났습니다. 그중 아들 햄릿은 1596년 흑사병으로 11살 때 사망합니다.

그는 자녀들이 태어난 후 적게는 5년, 길게는 8년이라는 오랜 기간 고향을 떠나 유랑생활을 했습니다. 하지만 그 유랑생활 동안 어떤 일들이 있었는지는 알 수가 없습니다. 왜냐면 그가 런던에 나타난 1592년까지 그동안 그의 행적에 대한 기록은 전무하기 때문입니다. 그 기간에 관한 여러 가설이 있습니다. 스트랫퍼드에서 학생들을 가르치는 일을 했으며 부교장으로 재임했다는 설과 동네에서 큰 패싸움이 있었는데 그가 연루됐고 싸움 중 한 명이 칼에 찔려 사망까지 이르러 셰익스피어는 그 사건을 피해 런던으로 도망치듯 갔다는 설도 있습니다. 어쨌든 앤이 혼전임신 한 사실과 정식결혼을 했다는 기록은 사실로 보입니다.

그가 죽고 난 후 200년이 지난 어느 날 셰익스피어의 결혼반지로 추측되는 물건이 발견됩니다. 스트랫퍼드의 홀리 트리니티 교회 옆 들판에서 공사 중이던 노동자 한 명이 'WS'라는 머리글자가 새겨진 엘리자베스 시대 금제 인장 반지를 발견한 것입니다. 이 반지가 셰

익스피어가 결혼식 때 꼈던 잃어버린 인장 반지라는 주장이 제기됩니다. 왜냐면 1616년 3월 25일 수정된 셰익스피어의 유언장에 인장 반지를 잃어버렸다는 기록이 있었기 때문입니다. 'WS'는 윌리엄 셰익스피어의 머리글자이고 반지에는 진실한 연인의 매듭이 감겨 있었습니다. 그러나 이것이 셰익스피어의 진품 인장 반지인지는 정확히 판명되지는 않았습니다.

셰익스피어와 첫 연극의 만남

셰익스피어가 처음 연극에 접한 건 언제일까요? 기록에 의하면 그가 어렸을 때 스트랫퍼드 어폰 에이번에 당시 영국의 유명한 공연단이 찾아와 〈레스터 경의 사람들Lord Leicester's Men〉이란 연극을 1573년과 1576년경 그가 살던 마을에서 공연했다는 기록이 있습니다. 이 극단은 당시 영국에서 유명했던 극단이었기에 입장료만 15실링이었습니다. 여타 공연이 5실링이었던 것에 비하면 상당히 비싼 공연입니다. 시기적으로 계산해 보면 셰익스피어가 9살쯤 되었을 때이니 아마도 그때 그는 극단 단원들의 의상과 호화로운 소품들에 매료되어 배우의 꿈을 꾸었지 않았을까 추측됩니다.

셰익스피어의 최고 전성기는 1598년 스트랫퍼드에서 두 번째로 큰 저택을 구입했을 때입니다. 방이 40개였던 이 저택의 이름은 '뉴 플레이스' 입니다. 뿐만 아니라 1599년에는 런던 템즈 강변의 글로브극장을 리차드 버베지Richard Burbage, 커드버트Cuthbert와 함께 소유하고 그 극장에서 대부분의 그의 유명한 작품들이 무대에 올라갔습니다. 1603년 엘리자베스 1세 여왕이 죽고 나서 새로운 통합 왕 제임스 1세가 등극하고도 그는 위대한 극작가로서 King's Man의 구성원으로서 왕궁에서 107회 이상 공연했으며 그중 11회는 1604년 11월에서 1605년 10월 사이에 올렸습니다.

그의 첫 번째 희곡집은 1623년 동료이자 배우인 존 헤밍스John Hemmings와 헨리 콘델Henry Condell에 의해 36편의 희곡을 모은 초판 750권이 인쇄됐습니다. 이 책은 셰익스피어 희곡 역사에 가장 중요한 출판물입니다. 그의 작품 중 18편은 기록이 없었기 때문에 이 책이 없었다면 아마도 역사에서 사라졌을 것입니다. 지금까지 많은 가설 중에 그의 작품이 그가 쓴 것이 아닌 프란시스 베이컨Francis Bacon이나 월터 롤리Sir Walter Raleigh 그리고 크리스토퍼 말로 Christopher Marlowe 같은 사람들에 의해 쓰인 것이란 주장도 있습니다. 1592년부터 1613년, 21년 동안 평균 7개월에 한 편의 연극을 제작한 것은 일반적인 사람으로서는 이해하기 어렵다는 것입니다.

시대를 잘 타고난 셰익스피어

당시 유명했던 셰익스피어의 경쟁자이자 위대한 극작가 벤 존슨Benjamin Jonson이란 인물이 있었습니다. 그런데 우리는 그를 잘 모릅니다. 왜 그럴까요? 왜 셰익스피어는 세계적인 영국의 위대한 대문호가 되었을까요? 물론 그의 작품들은 현대에도 위대합니다. 그의 모든 작품은 현재 셰익스피어 보존회에 70개의 언어로 번역돼 보관하고 있습니다.

우리는 당시의 시대적 배경에 대해 알아봐야 합니다. 영국은 당시 튜더 왕조Tudor Dynasty 시대입니다. 튜더 왕조는 영국 역사상 가장 강력한 왕조입니다. 1485년 랭커스터 가문붉은 장미 상징과 요크 가문 흰 장미 상징이 1455년부터 치른 30년간의 전쟁을 끝내고 튜더 가문이 승리하며 헨리 7세가 국왕으로 즉위하게 됩니다. 장미전쟁이라는 이름은 당시에 불렸던 것이 아니라 훗날 1829년 스코틀랜드 영웅 시인 〈아이반호〉의 저자 월터 스콧Sir Walter Scott이 셰익스피어 희곡 〈헨리 6세〉에서 모티브를 따와 붙여준 것입니다. 헨리 7세 이후 헨리 8세, 에드워드 6세, 메리 1세를 거쳐 엘리자베스 1세까지 튜더 왕조는 전성기를 이루었습니다. 영국이 세계를 지배하는 국가의 원동력을 만들어 낸 때가 바로 이 시대입니다.

튜더 왕조는 며칠 후 우리가 가는 스코틀랜드의 역사와도 연결성이 깊습니다. 바로 헨리 7세의 딸인 마거릿 튜더Margaret Tudor가 스코틀랜드 제임스 4세James IV와 결혼해 낳은 아들이 제임스 5세입니다. 그리고 제임스 5세를 이어 그의 딸 메리스튜어트가 스코틀랜드 여왕이 되고 그녀의 아들 제임스 6세는 잉글랜드와 스코틀랜드의 통합 왕 제임스 1세가 되어 지금의 영국이 결성됩니다. 튜더 왕조의 여러 왕 중에서 우리는 헨리 8세와 메리 여왕 그리고 엘리자베스 1세Elizabeth I를 유심히 봐야 합니다. 그중 셰익스피어 시대의 왕은 엘리자베스 1세1533~1603입니다. 그가 한창 글쓰기와 연극에 몰입했던 1590년부터 여왕이 사망하는 1603년까지 영국에서는 무슨 일이 일어났을까요?

당시 영국은 신교인 성공회 국가가 되어 있었고 동인도회사가 왕성한 활동을 하며 영국이 바다를 지배하는 기초를 만들었던 시대입니다. 엘리자베스는 헨리 8세와 천일의 앤으로 알려진 앤 불린Anne Boleyn 사이에 태어난 적차녀입니다. 언니는 그 유명한 피의 메리로 알려진 메리 1세입니다. 엘리자베스는 평생 결혼하지 않고 영국을 강력한 국가의 반열에 올린 위대한 여왕입니다.

그 당시 여왕은 특히 연극을 좋아했습니다. 여왕은 극장을 자주 찾곤 했으며 청교도들에 의해 극장 문이 닫히면 불같은 호령으로 문을 다시 열게 했을 정도였다고 합니다. 엘리자베스 시대 영국은 여러 분야에서 영국 르네상스 시대를 맞이했습니다. 그런 영국에서는 스타가 필요했을 수 있습니다. 벤 존슨과 같은 위대한 극작가가 있었지만 그는 빛을 못 보고 오히려 1616년 셰익스피어가 죽은 해에 계관시인이 됩니다. 물론 엘리자베스 1세 사후 제임스 1세 때의 일입니다.

셰익스피어는 1594년 왕궁 전속 극작가가 되면서 여왕과는 더욱 친밀한 사이가 됩니다. 1599년 템즈강 남쪽에 위치한 글로브극장은 셰익스피어의 전성기를 대변해 줍니다. 그는 여왕 사후 제임스 1세가 즉위하고도 계속해서 왕성한 활동을 지속합니다. 지금도 셰익스피어에 관한 여러 가지 학설이 있습니다. 그가 존재하지 않는 가상 인물이라는 설, 그가 쓴 것이 아닌 다른 사람이 쓴 글들을 모아 저자 이름을 셰익스피어로 붙였다는 학설까지 지금도 그에 대한 논문과 평가는 전 세계에서 끊임없이 발표되고 있습니다. 특히 1613년 이후에 발표된 작품들은 그의 단독작품이 아니라 존 플레처John Fletcher가 함께 작업했지만 주로 존의 작품으로 봐야 한다는 주장도 있습니다. 셰익스피어는 왕실에서 필요한 스타로 만들어진 인물이었고 그저 왕실에 순응했던 보잘것없는 인물이란 평가까지 있습니다.

인도의 모든 보물과도 바꾸지 않겠다

고대 영국 땅은 이베리아 원주민부터 켈트족, 로마의 지배를 이어 앵글로 · 색슨족까지 이어져 오며 큰 문명이나 문화가 돋보이진 않았습니다. 그러던 중 영국이 유럽에서 급부상하며 영국의 위대성을 보여주어야 할 필요가 있었습니다. 그렇게 선택된 것이 바로 영어라는 것입니다. 영어가 인류에서 가장 위대한 언어라는 주장을 대변해 줄 하나의 상징적 인물이 필요했는데 그가 바로 셰익스피어라는 것입니다.

우리는 "인도의 모든 보물과도 셰익스피어와는 바꾸지 않겠다."는 말을 들은 적이 있을 것입니다. 정확히는 스코틀랜드 출신 철학자며 사학자인 토마스 칼라일Thomas Carlyle의 책 《영웅숭배론》에 나오는 구절입니다. 칼라일은 에딘버러대학에서 수학과 신학을 전공한 후 독일 문학에 관심이 많아 괴테와 실러 작품을 영국에 소개한 사람입니다. 그의 저서 《영웅숭배론》은 역사는 영웅이 필요하고 그 영웅들의 역량이 중요하다고 주장합니다. 그 책에 등장하는 셰익스피어와 관련된 문장은 "Indian Empire will go, at any rate, some day; but this Shakespeare does not go, he lasts forever with us."입니다. 직역하자면 "인도제국은 어찌 됐든 간에 사라질 것이지만, 셰익스피어는 사라지지 않고 영원히 우리와 함께 있을 것이다." 정도로 해석됩니다. 그것이 우리에게는 "셰익스피어는 인도와도 바꾸지 않을 것이다." 또는 "인도는 포기해도 셰익스피어는 포기할 수 없다." 등으로 해석되어 알려지고 있습니다. 그만큼 영국인들이 셰익스피어를 사랑한다는 증거입니다. 영국의 위대성은 셰익스피어의 희곡들을 통한 영어의 위대성입니다. 당연히 셰익스피어는 모든 문학을 영어로 썼습니다.

그의 죽음과도 관련된 미스터리한 일들이 많습니다. 그는 태어난 날짜와 동일한 4월 23일에 죽었습니다. 그는 죽기 전까지 친구들과 스틀랫퍼드에서 어울렸으며 유언을 통해 자신의 유산들을 사전에 정리해 놓았습니다. 그리고 그의 시신은 세인트 트리니티 교회에 지금까지 묻혀 있습니다. 교회 안에 있는 그의 흉상 아래에 이런 내용이 적혀 있습니다. "소크라테스와 같고 예술은 버질과 같은 사람, 대지는 그를 덮고, 사람들은 통곡하고, 올림푸스는 그를 소유한다." 그리고 그의 묘비에는 "친구여 제발 부탁하건대 여기 묻힌 것을 파지 말아다오, 이 돌을 내버려 두는 자는 축복을 받고 내 뼈를 옮기는 자는 저주를 받을 것이다."라는 말이 새겨져 있습니다.

"죽느냐 사느냐 그것이 문제로다."

그의 사후 400년이 지난 지금도 전 세계에서는 하루도 셰익스피어를 잊은 날이 없습니다. 어디선가 셰익스피어가 쓴 희곡을 바탕으로 연극, 영화, 음악을 준비하거나 공연하고 있습니다. 그의 작품은 영화를 만드는 감독에게, 음악을 만드는 작곡자에게 또는 오페라 무대로 끊임없이 수많은 예술가들에게 영감을 주고 인류와 인간사에 남아 있습니다. 2만 개의 단어로 표현된 극작 중 2천 단어를 새롭게 창조해낸 인물, 윌리엄 셰익스피어는 영국의 자랑이자 인류의 자산이기도 합니다. 오늘은 스트랫퍼드 어폰 에이번에서 셰익스피어를 만나 그가 만든 햄릿의 대사를 한번 생각해 보겠습니다.

To be, or not to be, that is the question.
Whether 'tis nobler in the mind to suffer The slings and arrows of
outrageous fortune, Or to take Arms against a Sea of troubles, And
by opposing end them;
to die, to sleep; No more; and by a sleep, to say we end The heart—
ache, and the thousand natural shocks.
That Flesh is heir to? 'Tis a consummation Devoutly to be wished. To
die, to sleep,

살아야 할지 말지 대답해다오.
터무니없는 운명의 휘둘림과 화살들에 고통받는 마음이 고귀한지 아
니면 망망한 문제의 바다에 맞서 무기를 부여잡고 대항하며 그들을 끝
장내야 하는지를. 죽는 것은 단지 잠드는 것 그 이상은 없다. 그리고
잠든다는 것은 마음의 아픔과 수천 번의 피치 못할 충격으로부터 끝낼
수 있다. 육체가 그렇게도 간절히 바라는 상속자는 무엇일까? 죽는 것
은 단지 잠드는 것.

햄릿

현지 가이드

패키지 유럽여행을 가면 어느 국가를 가든지 현지 가이드를 만납니다. 어떤 상품은 현지 가이드 없이 한국에서 함께 출발한 전문 인솔자가 쓰루 가이드(Through Guide)라고 해서 전 지역을 가이드하는 상품도 있습니다. 개인적으로 어쩔 수 없는 경우가 아니라면 현지 가이드의 서비스를 받는 것을 권합니다. 아무리 한국에서 전문 인솔자가 공부를 많이 하고 설명하고 다니지만, 현지에서 살고 있는 사람들과는 차이가 있습니다. 현지에서 살면서 느끼고 얻은 자세한 정보는 책으로 다 알 수는 없기 때문입니다. 현지에서 유학생이든 전문 가이드든 그들만이 알고 있는 상황과 살면서 느낀 것들은 지식적인 부분보다 더 큰 현지를 이해하는 데 도움이 됩니다.

여러 패키지 상품 중에 인솔자가 없이 현지에서 가이드를 만나 전 일정을 다니는 경우도 있는데 그건 장단점이 있습니다. 일단 상품가격이 실속 있는 상품에서는 전문 인솔자가 동행하지 않는 경우가 있습니다. 인솔자가 동행하면 그 항공료와 숙박료 및 출장비 등을 패키지 상품에 포함해 조금이라도 상품가가 올라갈 수 있습니다. 그러므로 실속 있는 가격을 만들기 위해 인솔자 없이 공항에서 출발해 현지에 도착해 현지 가이드를 공항에서 만나는 것입니다. 물론 인솔자가 처음부터 동반하면 서비스의 품질은 높아질 것입니다.

현지에서 가이드를 만났는데 맞지 않는 사람을 만날 수도 있습니다. 일반적이거나 상식적이지 않고 설명을 제대로 안 하고 잿밥에만 관심 있는 가이드가 나온다면 과감하게 가이드를 바꿔 달라고 하는 방법도 있습니다. 그런데 여름 성수기 때는 어쩔 수 없기도 합니다. 그때는 실력 있는 가이드뿐만 아니라 초보 가이드들도 대거 현장에 투입되기 때문입니다. 운이 좋으면 실력 있는 가이드를 만날 것이고 운이 없으면 경험이 부족한 초보를 만날 수도 있으니까요. 그러나 초보라서 나쁜 건 절대 아닙니다. 초보분들은 자신의 부족한 점을 개선하기 위해 더욱 노력하고 열심히 하기 때문입니다. 경험이 많은 가이드는 소위 밀당을 할 줄 알고 지식도 풍부하며 일정을 다닐 때도 시간이나 투어 동선을 잘 정리해 물 흐르듯 투어가 진행되게 됩니다. 그리고 최소한 기본 이상을 합니다.

유럽 가이드 일을 하는 사람들은 유학을 왔다가 생업으로 가이드를 하는 사람들도 있고 아르바이트로 하기도 합니다. 영국의 예를 들면 예전에는 역사 등을 공부하고 버스를 타보며 실전공부를 한 다음 팀을 받아 일을 하곤 했습니다. 그런데 지금은 엄격히 불법 취업이 금지되어 있어 영국의 노동허가증을 소지하거나 영주권 또는 시민권을 가지고 있는 사람이 아니면 일을 할 수가 없습니다. 따라서 지금은 대부분 전문 가이드들만 일하기 때문에 실력이 없는 사람을 만나진 않을 것입니다. 그러나 모든 가이드가 실력을 검증받고 일하는 것이 아니기 때문에 그 안에서도 수준 차이가 있을 수 있습니다. 그것 또한 내가 어떤 여행사를 통해 가느냐와 그 여행상품의 운에 따라 만나는 가이드가 다를 수도 있습니다.

패키지여행의 꽃은 가이드라고 합니다. 현지 사정을 전혀 모르고 떠난 나라에서 의지할 사람은 가이드 한 명밖에 없습니다. 가이드가 얼마만큼 잘하고 열심히 하느냐에 따라 여행이 즐거울 때도 있고 지루하기도 하게 됩니다. 가이드 일을 하는 사람들도 자기 직업에 자긍심을 갖고 일을 합니다. 여행을 떠난 사람들도 서로 예의를 가지고 존중하며 다니면 최고의 여행이 될 것입니다.

Day 3 /

영국에서 두 번째로 큰 도시 버밍햄을 통과하고 북쪽으로 가면 리버풀에 도착합니다. 도시 이름만 들어도 우린 셰익스피어가 세계문학을 지배한 것처럼 세계 음악을 지배했던 리버풀의 촌놈들을 연상하게 됩니다. 바로 비틀즈입니다. 리버풀은 비틀즈 외에도 또 한 명의 소개드릴 만한 인물이 있습니다. 리버풀에서 태어난 것은 아니지만 영국의 위대한 건축가 자일스 길버트 스콧이란 인물이 있습니다. 또한, 세계에서 성공회 교회로는 가장 큰 리버풀 대성당이 있습니다.

리버풀은 잉글랜드 중서부에 위치한 항구도시로, 18세기 해상 무역이 번성하던 시절 세계 최대 노예 무역의 중심지였습니다. 산업혁명을 통해 경제적으로 크게 성장했지만, 그 당시 리버풀의 노동 환경은 최악이었습니다. 평균 수명이 15세에 불과해 런던의 평균연령 22세보다 훨씬 낮았으며, 영유아 사망률이 높고 어린이들이 과도한 노동에 시달리는 등의 문제가 심각했습니다. 또한, 공기오염과 같은 여러 악조건을 가진 도시이기도 했습니다.

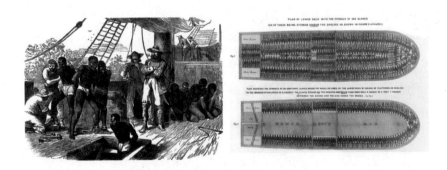

세계에서 가장 큰 성공회 교회
리버풀 대성당

　리버풀 대성당의 정식 명칭은 '부활하신 그리스도의 교회 리버풀 대성당Cathedral Church of the Risen Christ, Liverpool'입니다. 이 대성당은 세계에서 가장 긴 성당으로, 총 길이는 189m, 내부 길이는 150m에 이릅니다. 자일스 길버트 스콧이 설계한 이 대성당은 종탑이 없음에도 불구하고 세계에서 가장 높은 대성당입니다. 처음에는 윌리엄 에머슨William Emerson의 설계로 진행될 예정이었으나, 후에 다시 공모를 통해 22세의 젊은 자일스 길버트 스콧이 선정되었습니다. 스콧은 유명한 건축가 가문 출신으로, 그의 할아버지와 아버지 모두 건축가였습니다. 1904년에 시작된 대성당 건설은 1967년에 완성되었으며, 스콧은 완공을 보지 못하고 1960년에 세상을 떠났습니다.

리버풀 대성당

리버풀이 낳은 대스타, 비틀즈

비틀즈는 1960년에 결성된 영국뿐만 아니라 세계 음악 역사에 기록되는 팝그룹입니다. 존 레논John Winston Lennon, 폴 매카트니Sir James Paul McCartney, 조지 해리슨George Harrison, 그리고 링고 스타Sir Richard Starkey. 네 명은 모두 리버풀 태생입니다. 1957년 존 레논은 쿼리멘The Quarrymen이란 고등학교 그룹을 통해 음악을 시작합니다. 그 후 폴을 소개받고 폴의 친구 조지 해리슨이 합류합니다. 나중에 링고 스타가 합류하면서 비틀즈의 멤버가 완성됩니다.

비틀즈의 앨범 데뷔 전 1960년부터 2년 동안 그들은 리버풀과 독일 함부르크의 클럽에서 음악적 경험과 기본을 쌓습니다. 그들에게 음악적 전성기를 열어준 인물이 한 명 있습니다. 바로 브라이언 앱스타인Brian Samuel Epstein입니다. 브라이언이 없었다면 비틀즈가 지금처럼 세계적인 아티스트가 될 수 있었을지는 미지수입니다. 그렇게 해서 'Love Me Do'가 1962년 첫 앨범에 수록되며 데뷔합니다.

비틀즈, 브라이언 엡스타인을 만나다

비틀즈의 성공 스토리에는 브라이언 엡스타인과 그들의 만남이 중요한 역할을 합니다. 만약 브라이언이 없었다면, 비틀즈가 오늘날과 같은 세계적인 아티스트가 되었을지는 불투명합니다. 1934년 리버풀에서 태어난 브라이언은 연극 배우 지망생으로, 영국왕립연극학교RADA에 다녔습니다. 이 학교는 로저 무어, 비비안 리, 케네스 브래너, 안소니 홉킨스, 티모시 달튼, 마이클 갬본과 같은 세계적인 배우들을 배출한 명문입니다.

그러나 브라이언은 연기 경력 대신 리버풀로 돌아와 가족 비즈니스인 가구 판매를 시작합니다. 음악에 대한 그의 열정은 그를 음반 판매 사업으로 이끌었고, 그가 운영한 NEMS North End Music Stores는 비틀즈를 비롯한 비지스, 지미 핸드릭스, 크림 등 유명 아티스트들의 매니지먼트를 담당했습니다.

1961년 11월, 비틀즈의 음

리버풀 메튜스트리트

반을 찾는 손님 덕분에 브라이언은 캐번 클럽에서 그들의 공연을 보게 되고, 비틀즈의 매력에 푹 빠져 매니지먼트를 맡게 됩니다. 그는 비틀즈를 세계적인 밴드로 성장시켰지만, 1967년 개인적인 문제와 비즈니스에 대한 스트레스로 인해 약물에 의존하게 되고, 이로 인한 부작용으로 안타깝게 세상을 떠납니다. 그의 죽음은 비틀즈 해체의 주된 원인 중 하나로 여겨지며, 그는 때때로 '비틀즈의 제5의 멤버'라고 불리기도 합니다.

비틀즈의 미국침공

비틀즈는 브라이언 엡스타인을 통해 첫 싱글 앨범을 출시합니다. 브라이언은 자신의 음반 사업 경험을 살려 여러 제작사에 비틀즈의 음반 제작을 제안했지만, 여러 차례 거절당합니다. 특히 데카 레코드Decca Records는 비틀즈의 오디션 후 혹평을 남기고, 그 오디션을 녹음한 데모 테이프를 브라이언에게 건넵니다. 이 데모 테이프가 EMI의 조지 마틴Sir George Henry Martin과의 만남으로 이어지며, 결국 비틀즈는 EMI와 계약을 체결하고 공식 싱글 앨범을 발매하게 됩니다. 음악계에서는 데카 레코드가 비틀즈를 거절한 것을 역사상 가장 큰 실수로 여깁니다.

비틀즈는 영국에서 혜성처럼 등장한 팝 그룹이었습니다. 1963년 공식 데뷔 앨범 〈Please Please Me〉의 트랙들은 영국 차트 1위에 오르며 비틀즈 매니아를 촉발합니다. 플리머스에서의 순회공연 때에는 경찰이 고압 물호스로 관객을 제어할 정도였습니다. 비틀즈의 인기는 영국 내에서 치솟았지만, 미국에서는 아직 그들의 존재를 알지 못했습니다. 그러나 1963년 12월, 워싱턴의 WWDC 라디오 방송국의 한 DJ가 'I Want to Hold Your Hand'를 방송하며 미국 내 비틀즈 열풍을 촉발시킵니다. 이 앨범은 미국에서 백만 장 이상 팔리며 차트 1위에 오르고, 이는 1964년 제1차 브리티시 인베이션의 시작을 알리는 계기가 됩니다. 비틀즈는 히드로 공항에서 4,000여 명의 팬들의 환호를 받으며 떠나, 뉴욕 케네디 공항에 도착했을 때는 이미 3,000여 명의 미국 팬들이 기다리고 있었습니다. 이틀 후, 그들은 미국에서 인기 있는 '에드 설리번 쇼'에 출연해 역대 가장 높은 시청률을 기록합니다.

미국에서의 활동 중 비틀즈는 인종차별 문제에 직면합니다. 플로리다주 게이터 볼에서의 공연 전, 백인과 흑인이 분리된 객석을 거부하며, 이를 수정하지 않으면 공연을 거부하겠다고 선언합니다. 또한, 백인 전용실이 있는 호텔에 대해 항의하며 예약을 취소하기도

낭만이 있는 도시 - 리버풀

합니다. 이후 비틀즈는 모든 공연 계약서에 인종차별을 금지하는 조항을 명시하도록 요구합니다.

비틀즈의 패션은 당시 대중에게 큰 유행을 일으켰습니다. 엘비스 프레슬리 Elvis Aaron Presley의 화려한 의상과 대비되는 비틀즈의 정장 스타일과 모즈룩 Mods Look 은 많은 이들을 매료시켰습니다. 이 스타일은 오늘날 정장의 기준으로도 인정받습니다. 특히 그들의 머리 스타일, '봅 스타일 Bob Style'은 유명한 헤어디자이너 비달 사순 Vidal Sassoon이 만든 '봅 커트 Bob Cut'에서 영감을 받았습니다. 비달 사순 은 1928년생으로 스페인에서 영국으로 이주한 유대인 가족 출신입 니다. 그는 여성의 짧은 커트 스타일을 창안해 미용계에 혁신을 일 으켰으며, 코코 샤넬이 여성들을 치마로부터 해방시켰다면, 비달은 긴 머리에서의 해방을 이끌었습니다. 비틀즈의 헤어스타일은 그의 제자 레슬리 카벤디쉬 Leslie Cavendish에 의해 만들어졌습니다. 레슬 리는 폴 매카트니의 여자친구 제인 애셔 Jane Asher의 부탁으로 폴의 머리를 처음 자르게 되었고, 이후 1967년부터 1975년까지 비틀즈 멤 버들의 헤어스타일을 담당했습니다.

비틀즈는 패션뿐만 아니라 세계 문화계에도 큰 변화를 가져왔습 니다. 그들의 등장은 새로운 뉴웨이브를 시작하게 하고, 인종차별 완화, 히피 문화에 영향을 주었습니다. 특히 그루피 groupie 문화의 시작과 자유로운 성문화에 대한 인식을 확산시켰습니다. 비틀즈로 부터 시작된 문화적 충격은 평화주의, 개인주의, 평등주의를 사회의 주류 사상으로 자리 잡게 했으며, 존 레논을 비롯한 비틀즈의 반전 메시지는 여전히 전 세계인의 마음속에 새겨져 있습니다.

사연 많은 비틀즈 노래

'Yesterday'는 한국인이 가장 좋아하는 팝송 1위이자 영국에서 선정한 20세기 최고의 곡으로, 전 세계적으로 700만 번 이상 연주되며 2,200개가 넘는 버전으로 기네스북에 등재되었습니다. 이 노래는 비틀즈 멤버 중 폴 매카트니가 혼자 작사, 작곡, 그리고 노래한 최초의 곡으로, 1965년에 발표되었습니다. 어쿠스틱 기타와 현악 4중주로 연주되는 심플한 반주를 가진 이 곡의 전체 길이는 불과 2분여에 불과합니다. 처음 이 곡이 발표된 후, 멤버들 사이에는 갈등이 생겼습니다. 가사는 단지 떠난 연인을 그리며 오늘이 어제였으면 하는 자조적인 내용이었기 때문입니다. 폴은 이 곡을 만든 후 주변 전문가들에게 들려주며 표절 여부를 확인했지만, 대부분이 처음 듣는 노래라는 평가를 받고 나서야 녹음을 결정했습니다. 폴은 당시 여자친구 제인 애셔의 집에 머무르며 이 곡에 영감을 받았다고 합니다. 'Yesterday'는 비틀즈 음악 중 가장 대표적인 곡이지만, 실제로는 폴 매카트니의 작품입니다.

'Hey Jude'는 폴 매카트니가 작사 및 작곡을 맡은 비틀즈의 모든 음반 중 가장 성공적인 곡으로 평가받습니다. 이 노래는 1968년 애플 레코드에서 발매된 싱글 앨범으로, 폴의 애정이 깊은 곡입니다. 종종 왕실 주관 콘서트에서 마지막 곡으로 선정되며, 폴은 직접 피아노를 연주하며 이 곡을 부릅니다. 간결한 후렴구와 피아노 도입부는 폴의 음악적 재능과 존재감을 돋보이게 합니다.

'Hey Jude'의 탄생 배경에는 존 레논과 관련된 사연이 있습니다.

이 노래가 만들어질 당시, 존 레논은 신시아 레논과 이혼하고 오노 요코와 결혼을 앞두고 있었습니다. 신시아는 비틀즈 초기부터 멤버들과 가까웠으며, 존과의 사이에 아들 줄리언이 있었습니다. 존은 신시아와 아들을 외면하고 오노를 선택했습니다. 폴은 1968년 5월, 신시아와 줄리언을 만나기 위해 웨이브리지로 운전하여 갔습니다. 그는 차 안에서 흥얼거리는 습관이 있었고, 그날 흥얼거리던 멜로디가 'Hey Jude'로 탄생했습니다.

'Hey Jude'는 처음에는 '헤이 줄리Hey Julie'라는 제목으로 폴 매카트니에 의해 만들어졌습니다. 이후 폴이 좋아하던 뮤지컬 '오클라호마!'의 등장인물 주드Jud에서 영감을 받아 현재의 제목인 '주드Jude'로 변경되었습니다. 재미있게도, 존 레논은 이 곡이 자신을 위한 것이라고 생각했습니다. 그는 '주드'가 '존'에서 유래했다고 믿었습니다. 이는 곡의 가사 내용이 아이를 위한 것이라고 보기 어려운 '새 사랑을 찾았으니 그녀와 사귀어You have found her now to perform with'

와 같은 내용 때문입니다. 또한, 일부에서는 이 곡이 폴 자신의 상황을 반영한 것이라는 추측도 있습니다. 당시 폴은 오랜 연인 제인 애셔와의 약혼 발표 후 린다 이스트먼과 관계를 맺기 시작했습니다. 이 노래의 원본 가사는 폴이 메모지에 직접 쓴 것으로, 2020년에 11억 원에 낙찰되었습니다. 'Hey Jude'는 누구를 위해 쓰였는지에 대해 다양한 추측이 있지만, 비틀즈의 대표곡으로서 그 가치는 변함이 없습니다. 가사의 첫 줄인 '주드, 나쁘게만 생각하지 마Hey, Jude, don't make it bad'는 우리에게 나쁜 생각만 하지 말고 긍정적이고 행복한 생각을 하자는 메시지를 전합니다.

비틀즈 마지막 앨범 <Get Back>

1970년, 비틀즈는 마지막 정규 앨범 〈Let It Be〉를 발표합니다. 이 앨범은 비틀즈가 공식적으로 해체하기 직전인 4월 10일 폴 매카트니의 인터뷰를 통해 해체 소식이 알려진 후, 같은 해 5월 8일에 발매된 곡입니다. 이전 앨범 〈Abbey Road〉가 나온 후 이미 멤버들 사이의 불화가 드러난 상태에서 발표된 이 마지막 앨범은 영국과 미국 차트에서 1위를 차지하며 비틀즈의 영향력을 다시 한번 입증했습니다.

1966년 이후 공연을 중단하고 스튜디오 작업에 집중하던 중, 폴은 멤버들 간의 갈등을 해결하고자 '겟 백Get Back' 프로젝트를 제안했습니다. 이 프로젝트의 일환으로 1969년 1월 런던 근교의 트위크넘 스튜디오에서 곡 작업을 시작했습니다. 하지만 폴과 조지 헤리슨 간의 갈등이 극에 달하면서 조지는 밴드를 떠나겠다고 선언하고 스튜디오를 뛰쳐나갔습니다. 그럼에도 불구하고 멤버들은 음악 작업을 지속했습니다.

원래 계획된 대중 콘서트는 결국 성사되지 않았고, 그들은 역사적인 장소에서 단 한 번의 공연을 하기로 결정했습니다. 이 역사적인 공연은 런던 세빌 로우Savile Row에 위치한 애플 스튜디오 건물의 옥상에서 이루어졌습니다. 이 공연은 인근 건물 옥상에서 몇몇 운 좋은 관객이 관람한 것으로, 비틀즈의 마지막 대중 앞 공연으로 남았습니다.

이후 약 1년 동안 멤버들은 마지막 녹음과 사진 촬영 등을 진행했으며, 비틀즈는 역사 속으로 사라지게 되었습니다.

〈Let It Be〉 앨범과 관련된 필름은 약 50년 동안 거의 잊혀진 채로 애플사 창고에 보관되어 있었습니다. 이 8시간 분량의 영상은 〈반지의 제왕〉의 감독 피터 잭슨Sir Peter Robert Jackson에 의해 4년간의 편집 작업 끝에 2021년 대중에게 공개되었습니다. 총 3부작으로 제작된 이 다큐멘터리는 각각 2~3시간 분량이며, 전 세계는 50년 전 비틀즈의 숨겨진 이야기와 멤버들의 모습에 열광했습니다. 특히, 이제는 세상에 없는 조지 해리슨과 존 레논의 모습은 팬들에게 각별한 의미를 주었습니다.

〈Get Back〉과 〈Abbey Road〉는 사실 동시에 준비되었으나, 멤버들 간의 의견 불일치로 인해 〈Abbey Road〉가 먼저 발매되었고, 그 결과 'Get Back'은 'Let It Be'로 제목이 변경되어 열세 번째이자 마지막 앨범으로 발표되었습니다. 〈Let It Be〉의 타이틀곡은 폴 매카트니가 만들었으며, 이 곡은 그가 꾼 꿈에서 어머니 메리 매카트니가 한 말에서 영감을 받아 작곡되었다고 합니다. 가사에 나오는 '마더 메리Mother Mary'는 폴의 어머니를 지칭하는 것입니다.

비틀즈의 마지막 신곡
'나우 앤 덴(Now And Then)'

2023년, 전 세계 음악 팬들을 놀라게 한 뉴스가 있었습니다. 해체된 지 오랜 비틀즈가 새로운 싱글을 발표한 것입니다. 이 곡은 1980년 사망한 존 레논이 죽기 3년 전 작곡하고 녹음했던 미발표 음원을 기반으로 만들어졌습니다. 이 신곡의 제작에는 폴 매카트니의 보컬과 링고 스타의 베이스와 드럼 연주가 추가되었습니다. 이 놀라운 일이 가능했던 이유는, 영화감독 피터 잭슨이 AI 음성 복제 기술을 활용해 존 레논의 목소리를 피아노 반주에서 분리하고 음질을 복원했기 때문입니다.

이 신곡은 발표 즉시 영국 싱글차트 1위를 차지했으며, 공식 뮤직비디오는 2,000만 회 이상의 조회 수를 기록했습니다. 존 레논의 애절하고 슬픈 목소리는 80대를 넘긴 폴과 링고의 연주, 그리고 이미 세상을 떠난 조지 해리슨의 1995년 녹음된 기타 연주와 어우러져 완벽한 음악으로 탄생했습니다. 오노 요코는 존의 미완성 데모 테이프를 폴에게 전달했으며, 멤버들은 이 곡을 1995년에 발표하기 위해 모였지만, 음질 문제로 조지의 반대에 부딪혀 완성하지 못했습니다. 오랫동안 미완성으로 남을 것 같았던 이 곡은 피터 잭슨의 노력과 첨단 기술을 통해 세상에 발표되어 놀라움과 감동을 안겨주었습니다.

레이크 디스트릭트,
영국인이 가장 사랑하는 휴양지

　레이크 디스트릭트Lake District, 영국에서 가장 아름다운 자연 경관 중 하나로 꼽히는 이곳은 영국인들이 가장 사랑하는 휴양지입니다. 1951년 국립공원으로 지정된 이 지역은 컴브리아Cumbria에 위치해 있으며, 크고 작은 15개의 호수로 이루어져 있습니다. 가장 큰 호수인 윈더미어는 길이가 17km에 달하며 최대 수심은 70m에 이릅니다. 호수지방에 도착하면 눈에 띄는 특징 중 하나는 현대식 건물을 찾아볼 수 없다는 것입니다. 이곳은 영국의 20세기 이전 모습을 그대로 간직하고 있으며, 넓은 호수를 배경으로 하고 있습니다. 도로를 따라가다 보면 어느새 보네스Bowness를 지나 그라스미어에 도착

하게 되는데, 이곳에서는 낭만시인 윌리엄 워즈워스의 흔적을 만날 수 있습니다. 보네스에서 배를 타고 약 30분간 이동하면 그라스미어에 도착합니다. 이 호수 지방에서는 백조를 볼 수 있는데, 영국에 사는 모든 백조는 왕실의 소유로, 잡거나 먹는 것이 법으로 금지되어 있습니다.

호수지방은 영국 문인들에게 특별한 애정을 받는 곳입니다. 특히 베아트릭스 포터Beatrix Potter라는 유명한 문학인이 이 지역과 깊은 관련이 있습니다. 이곳의 기념품 가게에서 흔히 볼 수 있는 것 중 하나가 바로 '피터 래빗The Tale of Peter Rabbit'이라고 불리는 토끼 인형입니다. 1866년에 태어난 베아트릭스는 원래 런던 중심가 켄싱턴에서 태어났지만, 그녀의 대부분의 인생은 호수지방에서 보내며 그곳에서 생을 마감했습니다. 아동문학 작가이자 일러스트레이터였던 그녀는 글쓰기와 그림 그리기뿐만 아니라 환경 운동에도 큰 시

간을 할애했습니다. 그녀의 책은 30개 언어로 번역되어 전 세계적
으로 사랑받았으며, 특히 '피터 래빗'은 20세기를 넘어 지금까지 사
랑받는 동화로 남아 있습니다. 베아트릭스와 호수지방과의 인연은
1882년 그녀의 가족이 처음으로 이곳을 여행하면서 시작되었습니
다. 런던 생활에 익숙했던 그녀에게 호수지방의 자연은 새롭고 감
동적인 기억을 선사했으며, 이곳이 바로 '피터 래빗'을 만든 배경이
되었습니다.

1905년, 베아트릭스 포터는 자신의 책으로 번 돈인세과 가족으로
부터 물려받은 유산을 호수지방에 투자합니다. 그녀의 투자는 땅,
농장, 주택 구매에 집중되었고, 그 결과 그녀는 이 지역에 500만 평
의 대지, 14개의 농장, 20채의 집을 소유하게 됩니다. 베아트릭스는
월트 디즈니의 영화 제작 제안을 거절하고, 생을 마감할 때까지 이
곳에서 환경 운동에 헌신합니다. 그녀는 소유한 모든 부동산을 내셔
널 트러스트에 기증하며, 마지막 유언으로 이곳을 자연 그대로 보존
해 달라고 당부합니다. 77세에 세상을 떠난 그녀의 유언은 지금까지

도 영국인들에게 기억되며, 호수지방은 그녀의 유산 덕분에 자연 그
대로의 아름다움을 유지하며 영국인들이 가장 사랑하는 휴양지로
남아 있습니다.

내셔널 트러스트는 영국의 역사적, 자연적 유산을 보존하기 위한
회원제 자선 단체입니다. 1895년 옥타비아 힐, 로버트 헌터, 하드위
크 론슬리에 의해 설립되었으며, 1907년에 '내셔널 트러스트 법'이
제정되며 공식적으로 출범했습니다. 이 단체는 아름다운 자연 경관
을 가진 토지뿐만 아니라, 존 레논과 폴 매카트니의 어린 시절 집과
같은 역사적인 건물들도 구입하여 보존하고 있습니다.

낭만이 있는 도시 – 리버풀

빅토리안 시대 낭만주의 시인 워즈워스

빅토리아 여왕 시대의 계관 시인이자 영국의 대표적인 낭만파 시인인 윌리엄 워즈워스는 호수지방 출신의 위대한 시인입니다. 그의 시의 상징은 호수, 구름, 그리고 수선화로 알려져 있습니다.

윌리엄 워즈워스는 1770년에 태어나 8살 때 어머니를, 13살 때 아버지를 잃는 불행을 겪었습니다. 이러한 가정사로 인해 그는 어린 시절 호수지방의 아름다운 자연 속에서 위로를 찾았습니다. 그는 케임브리지 대학에서 수학한 후 1790년 프랑스로 건너가 사랑하는 여인을 만나지만, 혁명 이후의 프랑스에 대한 환멸을 느껴 홀로 영국으로 돌아옵니다. 호수지방으로 돌아온 그는 시인 사무엘 테일러 콜리지와 교류하며 문학적 영감을 얻었습니다. 또한, 로버트 사우디와 함께 호수시인 또는 낭만시인 3인방으로 불리며 이 지역의 문학적 유산에 중요한 기여를 했습니다.

19세기 유럽은 프랑스 혁명, 과학 혁명, 그리고 산업 혁명이라는 세 가지 큰 변화를 경험했습니다. 이 시기의 문학은 고전주의와 계몽주의에서 낭만주의로 전환되었는데, 이는 문화와 예술이 귀족 중심의 살롱 문화에서 벗어나 대중을 위한 문학으로 발전하는 과정이 없습니다. 낭만주의 문학은 대중들이 감정이나 감성에 공감하는 시적 표현을 중시합니다.

영국의 낭만주의는 독일의 영향을 받았으며, 이 시대의 시작은 1798년 윌리엄 워즈워스와 사무엘 테일러 콜리지가 함께 발표한 '서정 담시집Lyrical Ballads'으로 볼 수 있습니다. 같은 해, 워즈워스는 자신의 여동생 도로시와 함께 독일 여행을 하며 영감을 얻어 '루시 시편The Lucy poems'을 발표합니다. 워즈워스의 시는 호수지방의 아름다운 자연을 찬양하며 죽음, 인내, 이별 등 인간의 고뇌와 관련된 주제들을 다룹니다. 그의 시 중 '무지개'는 수선화와 함께 자연이 인간에게 전하는 감동을 표현하는 대표적인 작품입니다. 워즈워스는 자연에도 인격이 있다고 믿으며, 인간과 자연이 서로 소통

도브 하우스

하며 노래한다고 말했습니다. 그의 대표 시 '무지개'를 소개합니다.

무지개

윌리엄 워즈워스

하늘의 무지개를 볼 때마다
내 가슴 설레느니,
나 어린 시절에 그러했고
다 자란 오늘에도 매한가지,
쉰 예순에도 그렇지 못하다면
차라리 죽음이 나으리라.
어린이는 어른의 아버지
바라노니 나의 하루하루가
자연의 믿음에 매어지고자.

진화하는 패키지여행

한국에서 해외여행이 본격적으로 시작된 것은 1989년, 서울 올림픽이 열린 다음 해부터입니다. 이전에도 부분적으로 여행이 허용되긴 했으나, 1989년이 한국 해외여행의 본격적인 시작점으로 볼 수 있습니다. 예를 들어, 1983년부터는 50세 이상 국민이 200만 원을 은행에 예치하면 연간 1회에 한해 관광여권을 발급받을 수 있었습니다. 이러한 조치는 오늘날의 관점에서는 다소 이해하기 어렵지만, 당시의 상황을 반영하는 것이었습니다.

1989년 해외여행이 개방되면서 초기에 해외로 여행을 떠나는 사람들은 대체로 경제적, 시간적 여유가 있는 사람들이었습니다. 특히 유럽 여행은 15일 이상의 긴 여행 기간과 상당한 경제적 부담이 필요했습니다. 예를 들어, 당시 일본 여행의 비용이 5박 6일에 55만 원 정도였는데, 이는 1990년대 대졸 초임이 20만 원 정도였던 것을 고려하면 상당히 비싼 편이었습니다. 유럽 여행은 8개국을 15일에서 17박 동안 도는 대장정 일정이었기 때문에 누구나 쉽게 갈 수 있는 여행이 아니었습니다.

1990년대 중반까지 해외여행 패키지 상품을 홍보하는 주된 방법은 신문 광고였습니다. 당시 유럽 여행 상품은 주로 6개국 12일 또는 8개국 15일 일정으로 구성되었으며, 영국, 프랑스, 벨기에, 네덜란드, 독일, 스위스, 오스트리아, 이탈리아를 한 번에 돌아보는 코스였습니다. 이러한 상품의 가격은 239만 원으로, 당시로서는 상당한 고가였습니다. 현재도 유럽 10일 또는 11일 여행 상품이 인기가 높지만, 당시에는 200만 원대 초반의 가격으로 많은 사람들이 쉽게 접근하기 어려운 금액이었습니다.

2000년대에 접어들며, IMF 위기가 마무리되고 한국 경제가 안정되면서 해외여행 수요가 폭발적으로 증가했습니다. 이 시기에 유럽 여행을 떠나는 한국인들이 급증했으며, 여행사들 간의 경쟁도 치열해졌습니다. 상대적으로 저렴한 여행 상품들이 시장에 등장하면서, 일부 여행사들은 백만 원대의 유럽 여행 상품을 출시하기에 이르렀습니다. 이러한 상품들은 항공권 가격에 약간의 금액을 더한 것에 불과했지만, 호텔과 식사, 주요 관광지의 입장료까지 포함된 매우 합리적인 가격대였습니다.

그러나 이러한 저렴한 가격대의 여행 상품을 이용해 유럽을 방문한 여행객들은 여러 가지 불편을 겪었습니다. 대부분의 여행객들은 경유를 통해 유럽에 도착했으며, 경유지에서는 2시간에서 최대 4~5시간까지 기다린 후 또 다시 비행기를 갈아타야 했습니다. 런던이나 로마 같은 유럽의 주요 도시에 도착한 뒤에는 1시간 이상 버스를 타고 호텔에 도착했을 때에는 이미 지친 상태였습니다. 여행 일정은 일찍 시작되었으며, 때로는 새벽 5시에 일어나야 하는 경우도 있었습니다. 이러한 강행군식 일정은 여행객들로 하여금 여행을 온 것인지 극기 훈련을 온 것인지 혼란스럽게 만들 정도였습니다.
또한, 여행 중 숙박하는 호텔의 시설도 만족스럽지 못한 경우가 많았습니다. 엘리베이터가 없는 호텔에 머무는 것은 일반적이었고, 아침 식사의 품질도 기대에 못 미치는 경우가 대부분이었습니다. 이러한 상황은 저렴한 여행 상품의 단점으로 부각되며, 여행객들에게 불편함과 피로를 가중시켰습니다.

최근 여행 패키지 상품의 트렌드는 단순화와 고급화로 나타나고 있습니다. 이전에는 여러 국가를 순회하는 복잡한 일정이 대중적이었지만, 현재는 1개국 또는 2개국에 집중하는 상품이 인기를 얻고 있습니다. 많은 여행객들이 서유럽의 기본적인 패키지를 경험한 뒤, 동유럽이나 북유럽 같은 새로운 목적지를 탐험하고자 하는 경향이 있습니다.
또한, 여행객들은 고급 여행 경험을 추구하고 있습니다. '품격' 또는 '고품격'이라는 이름으로 더 높은 가격대의 상품이 인기를 끌고 있는 것은, 과거 저렴한 상품을 경험한 여행객들이 보다 나은 서비스와 편안함을 추구하고자 하는 변화된 소비 성향을 반영합니다. 이러한 경향은 비즈니스 클래스 탑승을 기본으로 하는 여행 상품의 인기 증가에서도 명확하게 드러납니다. 이는 여행 패턴이 과거에 비해 더 고급화되고 있음을 보여주는 현상입니다.

이처럼 여행 산업은 시대와 소비자의 니즈에 따라 지속적으로 변화하고 있으며, 여행객들은 이제 단순히 여행지를 방문하는 것을 넘어서 고급스러운 경험과 편안함을 중시하는 추세로 옮겨가고 있습니다.

낭만이 있는 도시 – 리버풀
•

Day 4 /

중세로 떠나는 타임머신
- 스코틀랜드

스코틀랜드에 들어서면, 그곳의 산과 하늘이 잉글랜드와는 뚜렷이 다른 느낌을 줍니다. 스코틀랜드는 영국 전체 면적의 약 1/3을 차지하는 큰 지역으로, 1707년 연합법이 체결되기 전까지는 독립된 국가였습니다. 잉글랜드와는 다른 인종적, 종교적 배경을 지닌 스코틀랜드는 자체적인 의회와 행정부를 가지고 있으며, 그들의 국교는 존 녹스 목사에 의해 설립된 장로교입니다. 스코틀랜드의 수도는 에딘버러이지만, 가장 큰 도시는 글라스고입니다. 이 지역은 풍부한 역사와 문화, 그리고 자연 경관으로 유명하며, 스코틀랜드만의 독특한 정체성을 유지하고 있습니다.

● ● ●

파란만장한 스코틀랜드의 왕위쟁탈전

스코틀랜드와 관련하여 영화 〈브레이브하트〉가 자주 언급됩니다. 이 영화는 스코틀랜드의 독립 과정을 다루고 있으며, 위스키의 고장이자 에딘버러 페스티벌로 유명한 이 나라의 독립과 통합의 역사를 이해하기 위해서는 잉글랜드의 에드워드 1세에 대한 이해가 필요합니다.

1272년 11월, 잉글랜드의 헨리 3세가 사망하고 그의 장남 에드워드 1세가 왕위를 이어받습니다. 그의 할아버지는 영국 역사상 무능한 왕 중 한 명인 존 왕으로, 대헌장Magna Carta에 서명한 것으로 알려져 있습니다. 공식 기록에 따르면, 에드워드 1세는 188cm의 장신이었으며, 스코틀랜드와 웨일즈에서는 그를 '롱생크Longshanks'라고 부르며 철천지원수로 여겼습니다. 이는 〈브레이브하트〉에서도 잘

에딘버러 로열마일

드러나는 사실입니다.

에드워드 1세의 시대는 스코틀랜드의 독립과 영국과의 통합 과정에 중요한 역할을 합니다. 그의 시대를 이해함으로써 스코틀랜드의 역사적 배경과 영국과의 관계에 대해 더 깊이 이해할 수 있습니다.

당시 스코틀랜드는 알렉산더 3세 국왕이 1286년 사고사로 죽고 유일한 혈육인 외손녀 마가릿Margaret이 왕위 계승을 준비했으나 그녀마저 어린 나이에 요절하게 되고 스코틀랜드는 귀족들 간 왕위 쟁탈전이 벌어진 상황이었습니다. 이때 에드워드는 귀족들에게 자신을 스코틀랜드의 왕으로 모신다면 실질적인 지배자로 지원하겠다고 약속하고 존 발리올John Balliol이란 영주에게 국왕이 될 수 있도록 지원하지만 그는 그저 허수아비 왕이었을 뿐 모든 권한은 에드워드 1세가 차지합니다.

그 후 그는 존 발리올 국왕을 몰아내고 자신을 정식 스코틀랜드 국왕으로 선포합니다. 그때 에드워드는 스코틀랜드의 자존심과 같은 '운명의 돌Ston of Destiny'을 잉글랜드로 가져와 웨스트민스터 사원 안에 있는 대관식의자 밑에 보관합니다. 보통 여행 가방 조금 작은 사이즈의 돌은 성경에 나오는 야곱의 돌베개라고도 합니다. 이 돌은 1950년 크리스마스 날 도난사건이 있었습니다. 글라스고 대학생 네 명이 런던으로 내려와 웨스트민스터 사원에 몰래 들어가 훔쳐간 적이 있습니다. 이들은 본래

스코틀랜드가 주인이고 스코틀랜드 주권의 상징인 이 돌을 잉글랜드가 빼앗아 간 것이니 본래 있어야 할 곳으로 가져왔다고 주장했습니다.

그들은 12월 23일 스코틀랜드를 출발합니다. 두 대의 차로 런던에 내려온 그들은 크리스마스 날 밤, 사원의 옆문을 통해 들어갑니다. 사원 내부는 모든 조명이 꺼져 있었고 앞도 보이지 않았습니다. 작은 손전등을 켜고 돌을 찾기 시작했습니다. 그리고 시인들이 잠들어 있는 방을 통해 운명의 돌이 있는 쪽으로 조심스럽게 발걸음을 옮깁니다.

드디어 이들은 국왕의 대관식 의자 아래 보관되어 있는 돌을 발견합니다. 돌을 꺼내기 위해 돌을 잡고 흔들던 순간 돌은 사원 바닥으로 쿵! 하고 떨어졌습니다. 돌은 그들이 생각했던 것보다 무거워 결국 한 명이 입고 있던 코트를 벗어 바닥에 깔고 그 위에 돌을 밀어 올렸습니다. 그러다 그만 돌의 일부분이 깨지고 말았습니다. 이들은 포기하지 않고 옮기기를 계속합니다.

영국 경찰은 다음 날 운명의 돌이 사라진 것을 발견하고 런던 템

즈강 아래까지 뒤지는 등 돌을 찾기 위해 수색에 나섭니다. 공항과 항구를 비롯해 우선 돌이 해외로 빠져나가는 것을 차단하기 위해 수색을 강화합니다. 그러한 경찰의 노력에도 불구하고 돌의 행방을 찾을 수가 없었던 차에 6개월이 흐르고, 스코틀랜드 '아브로스 수도원 Arbroath Abbey'에서 바로 그 운명의 돌이 발견됩니다. 그리고 다시 웨스트민스터 사원으로 돌아오게 됩니다. 대학생 네 명은 그 후 런던으로 불려와 조사를 받았지만 따로 처벌받거나 법의 심판은 받지 않았습니다. 이 돌은 현재는 엘리자베스 2세에 의해 스코틀랜드에 반환되어 에딘버러성 안에 보관하고 있습니다. 2023년 찰스 3세 대관식 때 잉글랜드로 옮겨와 대관식 의자 밑에 놓고 대관식을 진행했습니다. 식이 끝나고 다시 에딘버러성으로 옮겨져 보관되고 있습니다.

스코틀랜드는 에드워드 1세를 시작으로 그의 아들 에드워드 2세에 이르는 기간 동안 잉글랜드로부터 치욕적인 대우를 받으며 살았습니다. 마침내 로버트 1세Roibert I에 의한 베녹번 전투Battle of Bannockburn 이후 스코틀랜드는 독립하게 됩니다. 에드워드 1세는 영

로버트 브루스 동상

세인트 자일스 교회

화에서처럼 윌리엄 월레스William Wallace와 여러 차례 전투에서 패배
하지만 결국 함정을 만들어 월레스를 생포해 잉글랜드 런던성에서
처참하게 사형을 집행한 후 그의 시신을 나눠 전국에 보내는 끔찍한
행동까지 합니다. 그가 얼마나 지독한 사람인가 하면 스코틀랜드와
의 전쟁 중 병을 얻어 68세에 사망하면서 자신의 시신을 화장해 뼛
가루를 자루에 넣고 군사들과 스코틀랜드로 진군해 달라고 유언했
을 정도입니다.

에드워드 1세와 그의 아들 에드워드 2세 시기 스코틀랜드는 불행
한 시기를 겪지만 윌리엄 월레스가 잉글랜드에서 처참히 처형당한
후, 1314년 스코틀랜드는 로버트 브루스를 중심으로 규합해 베녹번
Bannockburn 전투에서 잉글랜드군 2만 명을 대파시키고 독립을 쟁취

합니다. 그 후 스코틀랜드 왕정이 새로 시작되며 1328년 그는 로버트 1세로 왕위에 오르고 이때부터 스코틀랜드는 독립국가로서 존재하다 1603년 잉글랜드 국왕 엘리자베스 1세가 사망한 후 왕위를 이을 자손이 없어 스코틀랜드 국왕 제임스 6세가 잉글랜드 왕으로 등극한 후 1707년에 이르러 통합법에 의해 스코틀랜드는 잉글랜드와 정식으로 합쳐진 하나의 국가가 됩니다.

잉글랜드를 점령한 로마제국은 스코틀랜드를 끝내 점령하지 못하고 잉글랜드에 살고 있던 켈트족을 지금의 북쪽 스코틀랜드 쪽으로 몰아냅니다. 로마인은 AD 122년 북쪽과의 경계선에 총길이 117.5km의 장벽 하드리아누스Hadrianus 방벽을 쌓았습니다. 북쪽으로 내몰린 켈트족은 크게 픽트족과 스코트족으로 구성되어 있습니다. 17세기 잉글랜드 인구는 410만 명, 스코틀랜드는 그에 비해 100만 명도 되지 않았고 화폐가치가 잉글랜드의 21분의 1밖에 되지 않는 경제적으로 열세지역이었습니다. 당시 스코틀랜드는 유럽 국가들의 식민지 개척에 충격을 받아 자국의 살길을 모색해 하나의 큰 모험을 시작합니다. 바로 '다리엔Darien 계획'입니다.

실패한 다리엔 계획, 통합국가 되다

다리엔 지협 또는 다리엔 갭Darien Gap은 파나마와 콜롬비아 사이에 위치한 거대한 지협으로, 아메리카 대륙에서 가장 험난한 지역 중 하나입니다. 대부분 열대우림으로 덮여 있어 개발이 거의 이루어지지 않은 상태인데 이 지역에는 스코틀랜드인들이 대규모 투자를 시도했습니다. 이는 잉글랜드가 식민지 개척을 통해 부를 축적하는 것을 목격한 후, 스코틀랜드도 그 대열에 합류하고자 한 프로젝트였습니다.

17세기 후반, 스코틀랜드는 흉작과 기근에 시달리며 인구의 15%가 사망하는 등 경제적 어려움을 겪었습니다. 이를 극복하기 위해 스코틀랜드는 식민지 개척을 위한 '다리엔 프로젝트'를 시작합니다. 1695년 스코틀랜드 의회는 스코틀랜드 은행을 설립하고, 귀족들이 대규모 자금을 모아 40만 파운드현재 가치로 약 5,300만 파운드, 한화 약 885억 원를 조성합니다. 이 금액은 당시 스코틀랜드의 전체 화폐 유통량의 4분의 1, 국부의 절반에 해당하는 거액이었습니다.

당시 식민지 개척 가능한 땅은 아메리카가 유일했지만, 여러 유럽 국가들이 이미 그 땅에서 영토 확장을 위한 경쟁을 벌이고 있었습니다. 스코틀랜드는 이러한 상황에서 다리엔을 최종적으로 선택합니다. 그들의 계획은 스코틀랜드 사람들을 다리엔에 이주시키고, 대서양과 태평양을 연결하는 무역의 거점으로 개발하는 것이었습니다. 하지만 이 땅은 이미 스페인이 개척을 시도했다가 실패한 곳이었으며, 사실상 스페인 영토였습니다.

1698년 7월 14일, 에딘버러 북쪽 라스항에 모인 1,200명의 스코틀랜드인들이 대기하고 있던 범선 5척에 탑승해 다리엔으로 향했습니다. 이들은 4개월간의 긴 항해 끝에 목적지에 도착했고, '뉴 칼레도니아' 또는 '뉴 에딘버러'를 건설하겠다는 각오로 가득 차 있었습니다. 하지만 혹독한 자연환경과 말라리아, 다른 풍토병으로 인해 살아 돌아온 이는 300명에 불과했습니다.

스코틀랜드는 1699년에 2차 원정대를 조직하여 재도전했습니다.

에딘버러 구도시 전경

이번에는 1,000명의 지원자가 참여했고, 소규모 탐험가들까지 합류해 총 2,500명이 넘는 인원이 다리엔에 도전했습니다. 그러나 이 역시 실패로 돌아가 대다수가 희생되었습니다.

원정 계획을 세운 윌리엄 패터슨William Paterson은 원래 스코틀랜드가 인도나 아프리카로 원정을 계획했으나, 그의 주장에 따라 중부 아메리카의 다리엔을 목표로 삼게 되었습니다. 패터슨은 제임스 2세와 신성 로마 제국, 네덜란드에 이 계획을 제안했으나 모두 거절당했습니다. 그는 유능한 사업가였지만, 이 프로젝트에서는 실패를 맛보았습니다.

성공한 사업가이자 금융인인 윌리엄 패터슨은 스코틀랜드 덤프리스셔의 틴왈드Tinwald에서 태어나 후에 부모님과 함께 바하마로 이민을 갔습니다. 그곳에서 그는 파나마 지협에 주목하며 다리엔 계획의 초기 아이디어를 구상했습니다. 런던으로 돌아와 서인도 제도와의 노예무역을 통해 큰돈을 벌어들인 그는 햄프스테드 물 회사

Hampstead Water Company를 설립하고, 1694년에는 잉글랜드 은행Bank of England 의 공동 설립자가 됩니다.

패터슨은 에딘버러로 이주해 정부를 설득하고 오랫동안 꿈꿔온 계획을 실행에 옮겼으나, 모든 사업은 실패로 돌아가고, 그의 가족마저 첫 원정에서 병으로 사망합니다. 이 계획은 스코틀랜드에게 잉글랜드와의 부의 격차를 줄일 수 있는 유일한 기회로 여겨졌으며, 투자 모금이 시작되자 런던, 네덜란드, 함부르크에서 투자자들이 몰려들었습니다. 대서양과 태평양을 잇는 운하 건설까지 포함한 이 거대한 꿈은 결국 모두 실패로 끝났으며, 역사상 가장 실패한 투자 중 하나입니다.

다리엔 계획의 실패로 스코틀랜드는 국가 파산의 위기에 처했습니다. 이 위기를 해결하기 위해, 스코틀랜드는 잉글랜드의 앤 여왕에게 양국 통합을 요청합니다. 1705년에는 양국 의회에서 31명의 위원들을 임명해 첫 협상이 이루어졌고, 상호 조약에는 25개 항목이 포함되었습니다. 이 중 15개 항목은 채무 변제 및 경제 지원과 관련된 내용으로, 스코틀랜드의 경제 상황이 얼마나 심각했는지 보여줍니다.

1706년의 표결에서는 반대가 많아 부결되었지만, 스코틀랜드 장로교회의 개입으로 1707년 1월 재표결을 통해 통합법이 110대 69로 통과됩니다. 이로써 '그레이트브리튼 왕국'이 탄생했고, 1801년에는 아일랜드까지 통합되어 '그레이트브리튼 아일랜드 연합왕국'이 선포됩니다.

잉글랜드도 스코틀랜드의 통합을 환영했습니다. 스코틀랜드의 채무 39만 8천 파운드를 부담하는 대신, 국경 분쟁에 종지부를 찍고, 교육열이 높은 스코틀랜드 인재들을 활용할 수 있었기 때문입니다. 예를 들어, 19세기 영국에서 학위를 취득한 의사의 95%가 스코틀랜드에서 교육받았고, 당시 스코틀랜드의 교육비는 잉글랜드의 25%에 불과했습니다. 통합 후에는 인도에 파견된 관리의 47%, 프랑스와의 전쟁에서 나폴레옹을 이긴 지원병의 20%가 스코틀랜드인이었습니다.

에딘버러 칼튼힐

스코틀랜드의 생명수, 위스키

스코틀랜드는 전 세계에 연간 약 10조 원 상당의 위스키를 수출하며, 이는 1초당 55병을 수출하는 엄청난 양입니다. 스코틀랜드의 위스키 제조 역사는 1494년으로 거슬러 올라갑니다. 그때 파이프 지역의 수도사 존 코어John Core가 제임스 4세 국왕의 명령으로 '아쿠아 비테Aqua Vitae' 즉, '생명의 물'을 만들기 위해 몰트를 사용했다는 기록이 있습니다.

위스키의 어원은 켈트어 'Uisge Beatha'에서 유래했습니다. 이 용어는 라틴어로 'Aqua Vitae'로 번역되며, 이는 '생명의 물'을 의미합니다. 'Uisge Beatha'는 발전하여 'Usky'로 불렸고, 18세기 이후 현대의 'Whisky'로 발전했습니다.

위스키의 주원료로는 보리, 호밀, 밀, 옥수수, 귀리 등의 곡류가 사용됩니다. 이 곡류는 발효와 증류, 숙성 과정을 거쳐 투명한 알코올이 됩니다. 이 알코올을 참나무통에서 숙성시키면 호박색의 완성된 위스키가 만들어집니다.

인류 최초의 위스키 제조는 동방의 증류 기술이 십자군 전쟁을 거쳐 유럽으로 전해진 것으로 알려져 있습니다. 초기에 위스키는 아일랜드에서 제조되기 시작했으며, 15세기에 이르러 이 기술은 스코틀랜드로 전수되어 현재의 스카치 위스키가 탄생하게 됩니다. 브랜드 위스키가 등장하기 전인 몰트 위스키 시대에는 아일랜드 위스키가 스코틀랜드 위스키보다 더 대중적인 인기를 끌었습니다.

위스키 대량생산 이전에는 농민들이 남는 곡물을 이용해 아일랜드에서 전수받은 기술로 소량의 위스키를 제조했습니다. 이 위스키가 인기를 끌자, 1644년에 정부는 위스키에 처음으로 세금을 부과하기 시작했습니다. 이로 인해 '위스키와 세금의 전쟁'이 시작되었고, 이후 150년간은 밀주 시대로 접어들었습니다. 세금을 내지 않기 위해 몰래 만들어진 위스키가 전국적으로 유통되기 시작했습니다. 이 시대에 스코틀랜드 북부 하일랜드 지역인 스페이사이드는 위스키를 몰래 제조하기에 가장 적합한 지역으로 알려졌습니다.

스코틀랜드의 협곡과 계곡이 많은 지형은 술을 몰래 제조하기에 이상적인 환경을 제공했습니다. 런던과의 거리가 멀고 산악 지대가 많았기 때문에 숨어서 술을 제조하기에 적합했습니다. 당시 산속에서 달빛 아래에서 술을 만드는 행위는 '문샤인너Moonshiner'라는 용어의 기원이 되었습니다.

위스키를 증류하는 과정에서 필요한 연료로 피트Peat탄을 사용했습니다. 피트는 석탄이 되기 전 단계의 물질로, 특히 토탄과 이탄으로 구성되어 있습니다. 스코틀랜드는 피트가 풍부하여, 이를 사용함으로써 위스키에 독특한 탄내 향이 나게 되었습니다.

1822년 국왕 조지 4세가 스코틀랜드를 방문했을 때 하일랜드 지역에서 생산한 글렌리벳Glenlivet 위스키를 마시고 그 맛에 매료되었습니다. 이 사건은 위스키 제조면허를 쉽게 받을 수 있게 하고 세금을 대폭 내리는 제도의 시행1824년으로 이어졌습니다. 글렌리벳의 조지 스미스George Smith는 스코틀랜드 최초의 주류제조면허를 취득했습니다.

그러나 글렌리벳이라는 이름이 스코틀랜드의 지명에서 유래했기 때문에, 많은 위스키 제조업자들이 자신들의 제품에 글렌리벳이라는 이름을 사용하기 시작했습니다. 이에 원조 글렌리벳 위스키 회사는 1884년 법원에 제소하였고, 법원은 글렌리벳 증류소만이 그 이름을 사용할 수 있다는 판결을 내렸습니다. 그 결과, 현재는 '더 글렌리벳The Glenlivet'이라는 이름으로 유일하게 사용되고 있습니다.

위스키는 다양한 종류가 있으며, 각각의 특징은 다음과 같습니다.

- 몰트 위스키 Malt Whisky : 맥아만을 사용해 만드는 위스키로, '글렌리벳'이 대표적입니다. 이 위스키는 스코틀랜드의 하일랜드, 스페이사이드, 이아슬레이, 로우랜드, 캠프벨타운 등 다섯 지역에서 생산되며, 지역마다 독특한 특성을 지닙니다.

- 블렌디드 몰트 위스키 Blended Malt Whisky : 여러 증류소의 몰트 위스키를 혼합한 것으로, 이전에는 배티드 몰트Vatted Malt 또는 퓨어 몰트Pure Malt라고 불렸으나 현재는 블렌디드 몰트로 통일되어 표기됩니다.
- 싱글 몰트 위스키 Single Malt Whisky : 하나의 증류소에서 생산된 단일 몰트 위스키를 말하며, 예를 들어 스페이사이드에서 증류한 글렌피딕과 같은 위스키가 여기에 속합니다.
- 그레인 위스키 Grain Whisky : 맥아 이외의 다른 곡물로 만든 위스키입니다. 몰트 위스키를 제조할 때 정해진 규정을 따르지 않는 경우에도 이 범주에 포함됩니다.
- 블렌디드 위스키 Blended Whisky : 몰트 위스키와 그레인 위스키를 혼합해 만든 위스키로, 전 세계적으로 가장 많이 생산되고 소비되는 위스키입니다. 발렌타인과 같은 브랜드가 이 범주에 속합니다.

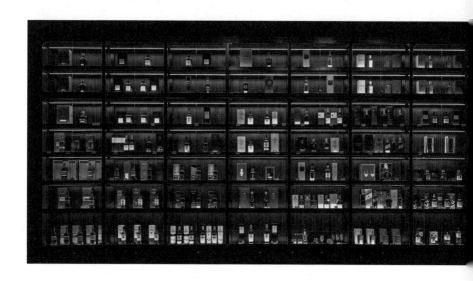

중세로 떠나는 타임머신 – 스코틀랜드

셰리(Sherry)오크통

엘리자베스 1세 당시 유명한 해적이었다가 영국함대 지휘관까지 오른 프란시스 드레이크Sir Francis Drake는 1587년 4월 스페인 남부지역 안달루시아의 카디스Cadiz 항구를 침략해 스페인 무적함대를 이기고 엄청난 전리품을 챙겨와 여왕에게 바칩니다. 그 전리품 중 당연 눈에 띄는 전리품이 있었는데 안달루시아 헤레스 지역의 최고 품질 포도주인 셰리 와인Sherry Wine 이었습니다.

당시 드레이크가 약탈해 온 와인의 양은 500리터짜리 오크통 3천 개에 달했다고 하니 실로 그 양은 대단했습니다. 이 셰리와인을 맛본 왕실에서는 그 맛에 감탄하여 와인의 새로운 세상을 열어 갑니다. 당시 영국은 프랑스와 백년전쟁에서 패배한 후 영국이 지배해온 프랑스의 보르도 지역을 잃게 되자 영국은 스페인의 셰리와인과 포

르투갈의 포트와인을 들여오기 시작합니다 셰리와인은 단순히 마시는 와인이 아닌 영국인들에게는 여러 특별한 의미를 가지고 있습니다.

셰익스피어는 자신의 희곡 여러 곳에 셰리와인에 대한 대사를 만들었습니다. 그의 희곡 〈헨리 4세〉에는 "셰리와인이 피를 데워주고 겁쟁이를 용감하게 해준다."라고 썼습니다. 헨리 4세는 아들 헨리 5세가 정치보단 술에만 관심이 많아 런던 뒷골목을 누비며 술과 여자에 빠져 있었다고 썼습니다. 헨리 5세의 친구 팔스타프Falstaff는 "아버지를 닮아 냉혈한 왕자가 셰리 덕분에 열렬한 사람이 되었다고 셰리를 극찬했습니다. 그만큼 영국인의 셰리와인 사랑은 각별했습니다. 18세기 후반에는 스페인에서 생산되어 수출하는 와인의 90%가 영국행 배에 실렸다고 합니다.

이런 셰리와인은 단순 영국인의 와인 사랑으로 끝나지 않습니다. 바로 스코틀랜드의 위스키 생산과 직접적인 인연을 맺기 시작합니다. 바로 영국으로 들여온 셰리와인을 운송할 때 대부분 스페인에서 생산된 오크통을 이용합니다. 그 오크통을 스코틀랜드에서는 위스키를 숙성시키는 저장 통으로 쓰게 됩니다. 셰리와인은 대표적인 주정강화 와인Fortified Wine으로서 와인에 브랜디를 섞어 알코올 도수를 인위적으로 높인 와인입니다. 영국인들이 '헤리스Jerez' 말을 잘못 알아들어 셰리Sherry라고 부르게 됐다는 설도 있습니다. 스페인 사람들은 팔로미노Palomino 품종으로 생산해 화이트 와인을 만들고 여기에 브랜디를 섞어 15도 이상의 주정강화 와인을 만들어 이름을 셰리라고 불렀습니다.

와인을 담는 데 유리병을 사용한 것은 로마 시대 때부터였습니다. 유리가 너무 귀하고 잘 깨져 사용하기 어려웠지만 18세기 들어 좀 더 단단한 유리병을 사용하기 시작했습니다. 그전에는 와인을 담는 통으로 오크통을 사용했습니다. 그런데 셰리와인은 18세기 이후에도 대부분 오크통에 담아 영국으로 수출했고 영국인들은 들여온 오크통에 담겨있던 셰리와인을 다시 병으로 담아 판매했습니다. 당시 건너온 셰리와 함께 엄청난 양의 셰리 오크통도 영국으로 건너오게 됩니다. 이 오크통에 스코틀랜드 증류소는 위스키를 담아 숙성을 해보았더니 풍미가 좋고 향과 맛을 더해 색도 좋아져서 그 이후로 셰리 오크통은 스코틀랜드 위스키 산업에 큰 변화를 일으킨 것입니다.

스페인 또한 수출하고 남아도는 오크통을 회수하기도 어려운 상황에서 위스키 증류소들이 빈 오크통을 사겠다고 하니 더없이 반가울 수밖에 없었습니다. 이로써 셰리 오크통은 스코틀랜드 위스키 숙성에서 중요한 과정이 되기 시작합니다. 이 셰리 오크통은 일반적으로 숙성의 목적이 아닌 운송용 오크통이었습니다. 즉 쉬핑 카스크 Shipping Cask 라고 해서 운송을 위해서만 만든 오크통입니다. 이 오

크통에 와인을 넣어 영국으로 보내면 셰리의 풍미가 오크통에 배게 되고 이 오크통에 위스키를 숙성시키면 바로 셰리 풍미가 위스키에 배어 나오는 효과를 가져왔습니다.

　1980년부터 스페인 정부에서 셰리와인의 수출에 예전처럼 오크통을 사용하지 못하게 법으로 만들어 현재는 모든 셰리와인은 병에 담아 수출하고 있습니다. 이로 인해서 스코틀랜드는 셰리위스키의 생산에 차질이 생기게 되고 궁여지책 끝에 우리가 스테이크 요리를 만들 때 스테이크에 미리 조미료 등을 뿌려 양념 맛을 입히는 단계인 시즈닝Seasoning을 하는 것처럼 오크통을 시즈닝 오크통으로 만들기 시작합니다. 스코틀랜드 증류소가 스페인의 오크통 생산업체에 주문한 오크통을 스페인에 있는 셰리 양조장에 보내 1~2년간 셰리를 넣어 두었다가 빼내고 빈 오크통을 스코틀랜드 증류소에 보내는 방법을 쓰고 있습니다. 그 통에 위스키를 숙성하는 방법으로 옛날의 맛을 비슷하게 내고 있는 것입니다. 따라서 현재 생산되는 대부분의 위스키는 셰리 시즈닝 오크통을 통해 생산하는 것이고 미국산 참나무나 유럽산 참나무에서 숙성된 위스키 각각 맛이 다르다고 합니다.
　흔히 위스키를 마시는 방법으로 하이볼Highball 위스키가 있습니다. 칵테일의 일종으로 보통 길쭉한 잔에 얼음을 2~3개 넣고 2온스

oz의 브랜디 위스키를 넣은 다음 탄산수를 부어 증류주와 탄산음료를 썩는 칵테일의 일종입니다. 또한 그 위에 레몬이나 라임 등을 더해 상큼한 맛을 내는 위스키로 즐기기도 합니다.

하이볼의 유래는 18세기 영국 상류층들이 브랜디 위스키에 탄산수를 타서 마시는 것을 보통 '스카치 앤 소다'로 부르다가 미국에서 이 방식이 기차 식당칸에서 제공되면서 하이볼이라 불렀다고 합니다. 왜냐하면 증기기관차의 발차 신호로 사용되던 끈에 공을 매달아 띄우는 방식Ball railroad signal이 술 이름으로 불리게 됐다고 합니다. 기차는 발차 신호로 풍선이 높게 매달려 있으면 최대 속력으로 운행하란 뜻이고 기관사는 이 공의 위치를 보고 "하이볼"이라고 외치며 지나갔다고 합니다. 그것이 빠르고 신속하다란 뜻으로서 기차 식당칸에서 가장 빠르게 만들어지는 칵테일이었고 식당칸의 바텐더들 사이에서 '하이볼'이라고 불리게 됐습니다. 이것이 지금은 위스키와

탄산수를 합친 칵테일을 하이볼이라 불리게 됐다고 합니다.

또 하나는 영국에서 골프 경기 중 갈증을 풀기 위해 마시던 칵테일 음료의 일종이었는데 골프라는 스포츠 자체가 시간이 많이 걸리다 보니 경기가 후반으로 가면서 조금씩 술에 취해 공이 자주 엉뚱한 곳으로 날아가게 되면서 하이볼High Ball이라고 외치던 것을 이렇게 불렀다는 설도 있습니다. 어쨌든 젊은이들 사이에 인기 있는 위스키 마시는 방법으로 위스키의 높은 도수가 10 정도로 내려가 부담 없이 마시기 좋으며 비싼 위스키가 아닌 저렴한 위스키를 탄산수와 섞어 마실 수 있는 방법이기도 합니다. 위스키를 마실 때는 잔을 번쩍 들어 올리고 빛을 향해 비춰봅니다. 이때 색이 옅고 금빛에 가까우면 숙성의 연도가 길지 않은 위스키입니다. 반면 위스키의 색이 짙은 호박색으로 보인다면 오래 숙성된 위스키라고 합니다. 그다음 향을 음미하며 입안에서 위스키를 굴려 보십시오. 위스키의 향과 맛을 즐길 수 있을 것입니다.

최근에는 1926년산 위스키가 세계에서 가장 비싸게 팔린 적이 있습니다. 2023년 11월, 런던의 소더비Sotheby에서 경매를 통해 한화로 무려 35억에 팔린 증류주입니다. 그 위스키의 주인공은 '맥칼렌Macallan 1926'입니다. 1926년 증류되어 셰리 오크통에 60년간 숙성됐고 1986년 오직 40병만 출시한 몰트위스키입니다. 낙찰된 것은 이탈리아 팝 아티스트 발레리오 아다미가 디자인한 라벨이 붙어있는 12병 중의 한 병입니다. 나머지는 몇 병이 남아 있는지 알 수 없지만 2011년 일본 지진 때 1병이 파괴되었고, 또 한 병은 누군가에 의해 소비된 것으로 알려져 있습니다.

골프 성지, 세인트 앤드류스

스코틀랜드 하면 떠오르는 스포츠가 하나 있습니다. 맞습니다. 바로 골프입니다. 세계 골프의 성지라고 할 만큼 골프는 세인트 앤드류즈의 상징이라고 볼 수 있습니다.

골프는 네덜란드에서 아이들이 실내에서 하던 콜프Kolf에서 시작됐다는 설과 스코틀랜드에서 시작됐다는 설이 있는데 일반적으로 스코틀랜드가 기원이라는 설이 유력합니다. 1457년 스코틀랜드 국왕 제임스 2세가 한때 골프금지령을 내렸다는 기록이 존재하는 것을 보면 그 이전부터 이미 스코틀랜드에서는 골프가 성했다는 반증이기도 합니다.

골프의 어원은 스코틀랜드 고어인 '고프goulf'에서 시작됐다고 하는데 고프는 "치다"란 뜻을 가진 커프Cuff와 같은 말로 여기서 'c'라는 글자가 스코틀랜드 발음으로 'g'가 되었다는 것이 정설입니다. 또한 세계 최초의 골프대회는 기록에 의하면 1860년 제1회 영국 '오픈 선수권대회The Open'입니다. 그러면 제임스 2세는 왜 골프를 금지했을까요? 우선 당시 상황을 보면 스코틀랜드는 열악한 군주제와 잉글랜드의 끊임없는 북방정책으로 12세 이상의 남자들은 모두 군사훈련을 받아야 하는데 훈련 시간에 골프나 축구공을 차며 보내는 시간이 점점 늘어나자 정세에 불안감을 느낀 제임스 2세는 의회법을 통과시켜 골프뿐만 아니라 축구도 금지했습니다.

그 외에도 스코틀랜드에서는 2번 더 골프 금지령이 내려진 적이 있었습니다. 그 골프의 성지는 스코틀랜드 동부 해안에 위치한 도시 세인트 앤드류스입니다. 그리고 그곳에 그 유명한 올드 코스Old Course가 있습니다. 바로 그곳에서 1754년 22명의 귀족들이 결성한 세인트앤드류스 골프클럽Saint Andrews Golf Club이 결성되고 1834년에 이르러서는 잉글랜드 국왕 윌리엄 4세에 의해 로열앤드에이션트 골프클럽Royal and Ancient Golf Club으로 통합된 13개 항목의 규정이 만들어졌습니다.

　우리는 보통 영국의 골프대회를 '브리티쉬 오픈'이라고 부르지만 실제 영국에서는 '디 오픈'으로 통용됩니다. 초기 대회를 시작할 때 대회명이고 그 후 다른 국가에서 골프대회에 '오픈'이란 단어를 사용해 각 대회의 특성에 맞는 단어를 조합시켰습니다. 영국은 골프대회를 시작한 것이 영국인데 '브리티쉬'란 단어를 붙여야 할 당위성도 필요성도 없기 때문에 지금까지 '디 오픈'으로 쓰고 있습니다.

에딘버러 성

에딘버러의 코끼리

　에딘버러에서 우리는 코끼리 2마리를 만날 수 있습니다. 첫 번째 코끼리는 바로 《해리 포터》를 완성한 J. K. 롤링이 커피 마시며 글을 썼던 카페입니다. 그 카페 이름이 바로 '코끼리 하우스Elephant house'입니다. 그녀는 이 카페에서 처음 《해리 포터》를 쓰기 시작했습니다. 1995년 처음 영업을 시작한 이 카페를 사람들은 '해리 포터 탄생지Birthplace of Harry Potter'라고 부릅니다. 에딘버러에 오는 많은 관광객들은 이 카페에서 차를 한잔 마시고 입구에서 사진을 찍습니다. 특히 그녀가 앉았던 자리는 그야말로 이 카페의 최고 로얄석입니다. 사실 이 카페는 롤링만 온 것이 아닙니다. 이미 베스트셀러 《리버스》의 작가 이안 랭킨Lan Rankin과 알렉산더 맥콜 스미스Alexander

코끼리 하우스 카페 전경

McCall-Smith도 이 카페의 단골이었습니다. 그래도 세계인들에게는 당연히 J.K 롤링이 이곳에서 《해리 포터》를 썼다는 것에 관심이 많고 유명합니다.

그녀는 1965년 잉글랜드 남서부 브리스톨에서 태어나 대학에서 불문학을 전공하고 포르투갈에서 영어를 가르쳤습니다. 결혼생활도 잠깐이었고 생후 4개월 된 갓 난 딸을 데리고 여행 가방에는 몇 벌의 옷과 세 번째 챕터까지 완성한 《해리 포터》 원고를 가지고 여동생이 있던 에딘버러에서 새로운 생활을 시작합니다. 워낙 형편이 어려웠던 그녀는 1년 넘게 스코틀랜드 정부에서 지원하는 생활보조금을 받아 가며 글을 쓰기 시작합니다. 그리고 세계에서 가장 많이 팔린 소설 시리즈 《해리 포터》를 완성합니다. 롤링은 BBC와의 인터뷰에서 그 카페를 자주 찾은 이유로 그 카페에 가면 아이가 잘 잠들었기 때문이라고 말했습니다.

《해리 포터》는 우리가 상상하지 못한 우여곡절이 많았던 작품입니다. 처음 롤링이 탈고를 하고 출판사를 찾아다니기 시작해 12번째 만난 '블룸즈버리' 출판사가 초판 500권을 찍었습니다. 처음 이 소설은 아이들이 읽기에 너무 길다고 거절당했습니다. 아마도 《해리 포터》를 거절했던 12개의 출판사는 평생 후회할지도 모릅니다. 롤링이 1997년 초판 때 받은 원고료는 1,500파운드였습니다. 우리 돈으로 260만 원 정도였으니 지금 보면 정말 적은 돈만 받고 출판한 것입니다. 이 소설을 통해 소규모 출판사였던 '블룸즈베리'는 세계적인 메이저 출판사로 성장했으며 출판과 관련된 직원들은 엄청난 부자가 됐습니다. 초판 인쇄한 500부가 순식간에 나가도 출판사는 판매되는 분위기와 평가들이 나름 좋다고 판단해 잘하면 5만 부도 나갈 수 있겠다고 기대합니다.

그러나 책은 10만 부가 넘어가고 어느새 50만 부를 넘어섭니다. 그렇게 끝나지 않았습니다. 전 세계적으로 1억 부를 넘어서더니 최종 5억 부를 판매했습니다. 그녀는 작가로서 역대 최고 부자가 된 사람입니다. 재산이 약 1조 2천억 원 정도라고 하는데 그녀는 한 해 168억 원을 기부하고 에딘버러대학에만 220억 원을 기부하는 등 엄청난 재산이 늘어난 만큼 엄청난 금액을 사회에 기부하고 있습니다.

그리고 또 한 마리의 코끼리를 볼 수 있는 곳이 바로 에딘버러성입니다. 1838년 스리랑카에 주둔하던 제78 하이랜더 부대는 복귀하면서 코끼리 한 마리를 데리고 왔습니다. 그 코끼리를 성 안에서 키웠는데 아직도 에딘버러성 안에는 코끼리 부조가 상징처럼 조각되어 있는 것을 볼 수 있습니다. 이 코끼리는 맥주도 무척 좋아했다고 합니다. 가끔 사육사와 함께 식당에 가서 맥주를 마셨다고 하는데 사실인지 궁금합니다.

에딘버러 성에 들어올 때면 입구에서 우리는 스코틀랜드 독립의 영웅 두 명을 만날 수 있습니다. 입구 양쪽에 서 있는 동상이 바로 윌리엄 월레스와 로버트 브루스입니다. 성 안에는 스코틀랜드 국립 전쟁박물관이 있습니다. 여기는 1600년대 처음 상비군이 창설될 때부터 스코틀랜드의 전쟁 역사를 보여줍니다. 그리고 이곳에서 바로 보병연대의 마스코트인 코끼리를 만날 수 있습니다.

성 안에는 250년 넘게 성을 관장하는 감독관의 공관이 있습니다. 관장은 이곳에서 생활합니다. 또한 성에는 감옥으로 사용하던 공간

에딘버러 성 입구의 로버트 브루스와 윌리엄 월레스

이 지금도 남아 있습니다. 보통 정치범들을 수용하던 감옥으로 250년 전에 갇혀 있던 죄수들이 낙서했던 나무 문이 지금도 남아 있습니다. 더 성의 위쪽으로 올라가면 우리는 전쟁기념관을 볼 것입니다. 여기에는 역대 전사한 스코틀랜드 군인의 명단이 정리되어 있는데 그 인원이 20만 명이 넘는다고 합니다. 그리고 그 안에는 군인과 선원들의 수호성인 대천사 성 미카엘이 아름답게 조각되어 그들을 지켜보고 있습니다.

에딘버러 성, 그레이트 홀

　기념관 건너편엔 그레이트 홀이 자리 잡고 있습니다. 제임스 4세와 헨리 8세의 누나였던 마가렛 튜더의 결혼식을 위해 지어진 건물

크라운 주얼리

입니다. 실내로 들어가면 꼭 천장을 보십시오. 나무에 쇠못을 박지 않고 모두 나무못만 박아 만든 것입니다. 천장 아래를 보면 튜더 가문의 상징인 장미와 마가렛을 상징하는 비너스 그리고 다산의 상징이 조각되어 있습니다.

　크라운 스퀘어에서 사람들이 가장 붐비는 곳은 스코틀랜드의 자존심을 상징하는 크라운 주얼리입니다. 스코틀랜드 왕관과 보석이 보관되어 있습니다. 1494년에 제작된 볼과 검이 있고, 1540년에 제작된 왕관이 전시되어 있습니다. 4명의 왕이 썼던 왕관입니다. 바로 메리 스콧, 제임스 6세, 찰스 1세와 찰스 2세가 썼습니다. 성에는 진짜 대포가 2개가 있는데 하나는 예전에 기념일에 사용하던 대포로 지금은 사용하지 않습니다. 또 하나는 지금도 1시가 되면 포를 쏘는데 일요일과 성금요일, 크리스마스 날을 빼고 매일 1시에 대포를 쏘고 있습니다.

위대한 스코티쉬

우선 스코틀랜드인의 특징적인 성씨가 있습니다. 성 앞에 '맥 Mac' 또는 줄여서 'Mc'으로 쓰는 이름입니다. 예를 들자면 맥도널드 McDonald, 매켄지 McKenzie, 매케이 Mckay, 매클레인 McLean, 매클라우드 McLeod, 맥밀런 McMillan, 매킨토시 McIntosh, 매케인 McCain, 매코이 McCoy, 맥겐 McGann, 맥아더 McArthur, 맥콜 McCol 등으로 쓰이는데 여기서 '맥'은 '누구누구의 아들'이란 뜻을 가지고 있습니다. 따라서 이름에 '맥'자가 있으면 조상이 스코틀랜드인입니다.

데이비드 리빙스턴

위대한 스코틀랜드 출신 인물들은 우리가 생각했던 것보다 상당히 많습니다. 그중에는 역사적인 인물이 다수 포함되어 있습니다.

우선 데이비드 리빙스턴 David Livingstone입니다. 스코틀랜드 출신의 선교사며 탐험가입니다. 1813년에 태어난 그는 유럽인으로는 처음 아프리카 대륙을 횡단한 사람이고 특히 아프리카를 탐험하고 난 후 노예제도 폐지를 주장한 사회운동가이기도 합니다. 그는 16년 동안 아프리카를 횡단하며 선교활동을 펼칩니다. 그는 남아프리카에서 시작해 이집트에 이르는 아프리카 대륙 중심을 관통하는 루트를 개발했고, 영국에 돌아와 영웅으로 추대됩니다.

그의 2차 아프리카 원정은 실패로 돌아갔으며 잠비아 지역에서 사망합니다. 그의 하인이 그를 발견했을 당시 그는 침대 곁에서 기도하는 모습으로 무릎을 꿇은 채였다고 합니다. 그의 시신은 사람들에 의해 미라로 만들어져 심장과 내장은 아프리카 땅에 묻고 9개월의 대장정 끝에 시신은 영국으로 옮겨져 성대하게 장례식을 치르고 1874년 런던의 웨스트민스터 사원에 묻힙니다.

그가 개척한 아프리카 루트는 그의 생각과 반해 노예무역을 발전시키는 방법으로 활용됩니다. 그로 인해 인도양을 중심으로 노예무역은 더욱 활발하게 되고 많은 노예상인들이 그가 탐험을 통해 개척한 루트로 아프리카대륙의 중심부까지 노예사냥에 나서게 됩니다. 그의 탐험의 본래 목적은 선교였다는 것을 그의 저서에도 밝혔습니다. 지금까지 아프리카 선교를 활발하게 진행할 수 있었던 이유는 리빙스턴이 만들어 놓은 아프리카를 관통하는 루트를 선교사들이 이용했기 때문입니다. 안타깝게도 그의 아내 역시 함께 탐험을 하다 그보다 먼저 사망했습니다.

앤드류 카네기(Andrew Carnegie)

1835년 스코틀랜드 던펌린Dunfermline 태생의 카네기는 귀족 가문에서 태어났지만 가난한 집안 형편으로 집안 전체가 1848년 미국 펜실베이아주 피츠버그로 이민을 떠납니다. 그곳에서도 방적공장 노동자부터 전보배달원과 전신기사 등을 전전하며 노동자의 길을 걷

다가 펜실베니아 철도회사에
근무할 당시 그의 인생 전환점
을 맞습니다. 장거리 기차에 침
대칸과 유정사업에 투자해 큰
돈을 벌고 후에 카네기철강회
사를 설립하며 부를 축적합니
다.

　그는 인생 전반기는 돈을 버
는 것에 몰두했다면 후반기는 돈을 쓰는 데 몰두합니다. 특히 그가
실행한 자선사업은 세계사에서도 유례를 찾기 어려울 정도로 각종
사회사업에 재산을 투자합니다. 그의 기부로 설립된 재단 및 기관
들은 미국 곳곳에 2,500개의 도서관을 시작으로 시카고 대학을 포
함 12개의 종합대학, 12개의 단과대학을 포함한 교육 사업을 비롯
한 카네기홀, 박물관, 국제평화재단, 카네기상 등 문화예술에도 많
은 재산을 기부합니다. 카네기는 사업가였지만 자선사업에 있어서
도 자신만의 뚜렷한 철학을 가지고 있었습니다. 단순한 자선이 아닌
목적성을 가진 자선을 통해 부를 나누고 또한 그 자선을 통해 사회
에 효과적인 기여를 원했습니다.

제임스 와트(James Watt)

　1736년 스코틀랜드 그리녹Greenock에서 태어난 발명가이자 공학
자인 와트는 영국 산업혁명의 아버지로 불립니다. 그는 5형제가 있
었지만 그를 제외한 형제들은 모두 일찍 세상을 떠났고 자신 또한

어린 시절 건강이 좋지 않아 고생을 많이 했습니다. 어린 시절 문법학교에 다닌 후 런던에서 1년간 기계공학을 배웠으며 나중에 글래스고에 돌아와서는 공업소를 차립니다. 어느 날 우연히 글래스고대학의 천문학 기구들의 유지보수를 맡았는데 그것이 인연이 되어 1757년에는 대학 내에 정식 공업소를 설립하고 그곳에서 더 전문적인 지식을 쌓게 됩니다. 와트는 증기기관을 처음 발명한 사람은 아닙니다. 그러나 증기기관을 개량하여 기계를 만들어 낸 산업혁명의 씨앗을 뿌린 사람입니다. 증기기관을 처음 실용단계에 사용한 것은 광산에서 물을 뽑아 올리는 데 활용했고 시간이 흐르며 다양한 산업에 광범위하게 사용됩니다. 인도에서 면화 45kg을 가공하기 위해서는 보통 5만 시간이 필요하지만 증기기관을 이용하면 300시간에 끝낼 수 있을 정도로 비교할 수 없는 생산성을 가지고 있었습니다. 당시에는 혁명적인 사건이라 볼 수 있었고, 이것으로부터 산업혁명이 시작되고 영국은 18세기 유럽에서 가장 부유했던 국가인 네덜란드를 추월해 세계에서 가장 부자나라로 성장하게 됩니다.

아서 코난 도일(Arthur Conan Doyle)

에딘버러 태생 코난 도일은 본래 직업은 의사였습니다. 부모는 모두 아일랜드계였으며 당시 스코틀랜드에서 가장 유명한 의과대학인 에딘버러대학에서 의학박사 학위까지 공부했습니다. 그는 틈틈이 단편소설도 쓰고 잡지에 기고도 하는 등 글쓰기는 그의 취미생활에 불과했습니다. 그가 일하던 병원은 워낙 손님이 없어 그는 진료하는 틈틈이 본격적인 소설을 쓰기 시작합니다. 그렇게 1887년 대표적인 소설《셜록 홈즈Sherlock Holmes》가 탄생합니다.

그와 관련된 재미있는 일화가 하나 있는데 홈즈가 1908년 런던 올림픽 당시 마라톤 심판위원으로 활동할 때입니다. 의사였던 그가 마라톤 심판위원이었다는 것도 아이러니합니다. 당시 출발 지점이 윈저성Windsor Castle으로 바뀌면서 전체적으로 2.195km가 길어진 42.195km로 대회를 치른 최초의 마라톤이었습니다. 경기 중 이탈리아 선수인 도란도Dorando Pietri가 런던 주경기장에 들어오다 400미터를 남기고 완전 탈진해 쓰러질 정도로 힘들어했는데 심판들이 그를 부축해 결승선에 들어옵니다. 물론 안타깝게도 그는 실격해 2위로 들어온 미국의 존 헤이즈John Hays가 우승 트로피를 가져가고 그에 불만을 품은 도란도는 심판들에게 항의합니다. 물론 결과

는 바뀌지 않았습니다.

　며칠 후 언론보도에 나온 사진에 코난 도일이 선수를 부축하는 모습이 실렸는데 사실은 도일이 아닌 다른 사람이 부축하고 있었습니다. 그 사진은 경기가 끝나고 그를 부축하던 모습이 찍힌 것입니다. 코난 도일은 누명을 쓰고 한때 대중의 비판 대상이 되기도 했습니다. 도란도는 다음 해인 1909년 미국에서 열린 마라톤 대회에 다시 나가 헤이즈를 24초 앞서 당당히 우승을 차지합니다.

로버트 루이스 스티븐슨(Robert Louis Stevenson)

　코난 도일 외에 스코틀랜드 출신의 유명한 소설가가 한 명 더 있습니다. 바로 로버트 루이스 스티븐슨Robert Louis Stevenson입니다. 그는 세계적으로 유명한 소설 《보물섬》과 《지킬 박사와 하이드》를 썼습니다. 에딘버러 태생인 그는 어린 시절부터 병약했기 때문에 책 읽기가 취미였습니다.

　에딘버러대학에서 법률을 공부한 그는 졸업 후 변호사가 됩니다. 그러나 변호사 일보다 글 쓰는 것을 더 좋아했던 그는 본격적인 작가의 길을 걸으며 세계적인 여러 작품의 소설을 남겼습니다. 《지킬 박사와 하이드》의 배경 도시는 런던입니다. 그런데 스티븐슨은 런던에 가본 적이 한 번도 없었다고 합니다. 런던이란 대도시를 배경으로 했지만 소설에 나오는 동네는 모두 에딘버러 시내에서 영감을 얻었다고 합니다.

　스티븐슨은 어릴 적 이야기를 하나 듣습니다. 에딘버러에서 유명했던 범인과 관련된 이야기입니다. 바로 디콘Deacon 과 브로디Brodie 로 알려진 인물입니다. 실제 이름은 윌리엄 브로디William Brodie 입니다. 그는 에딘버러에서 유명한 가구 장인이었습니다. 그는 오랫동안 이중생활을 했는데 낮에는 시민들로부터 존경받는 시의원으로 활동하고, 밤에는 남의 집에 들어가 물건을 훔치고 도박을 즐겼습니다. 어느 날 그는 대담하게도 세무서를 털기 위해 준비하던 중 발각되어 네덜란드로 도망을 쳤다 붙잡혀 에딘버러로 송환됩니다. 그리고 재판을 통해 사형이 내려집니다. 한때 이 사건은 에딘버러를 떠들썩하게 했었습니다. 스티븐슨은 이 사건을 아이디어로 소설을 쓰기 시작했고 바로《지킬 박사와 하이드》가 완성된 것입니다.

아담 스미스(Adam Smith)

　스코틀랜드 출신의 위대한 인물 중 단연 손꼽히는 인물이며 정치경제학자이며 철학자인 그는 근대 경제학의 아버지로 불립니다. 그가 주장했던 '국부론', '보이지 않는 손' 등은 경제학의 시작이자 교범이기 때문입니다. 1776년 출간된《국부의 성격과 요인들에 관한 연구An Inquiry into the Nature and Causes of the Wealth of Nations》는 지금도 모든 국가가 경제적으로 어려울 때 다시 들여다보는 이론이라고 합니다.

　그가 주장하는 '보이지 않는 손'은 현대 자본주의 경제에 있어 핵심이 되는 수요와 공급의 조절 기능을 설명하는 표본입니다. 국부

론의 큰 틀은 인간은 도덕적인 존재가 아닌 이기적이고 합리적인 존재라는 것입니다. 그것은 바로 빵집 주인 이야기로 설명이 됩니다. 우리가 저녁식사를 기대하는 것은 빵집 주인이 관대해 우리에게 호의를 베풀어 주기 때문이 아니라 그가 빵을 만드는 것은 자신의 이득을 챙기기 위한 이기심에서 유발된 것이라는 것입니다. 자원의 생산과 유통 및 소비자에 의해 자율 조정되는 것이 최상의 배분 방식이란 것이 그의 주장입니다.

사실 '보이지 않는 손'의 개념은 그가 평생 걸쳐 6번이나 개정판을 내놓았던 《도덕감정론》에 기초를 두었다고 합니다. 사람들이 각자 이익을 따라 행동할 때 사회는 그로 인해 이롭게 된다는 주장에 이론적 기초를 둔다는 내용입니다. 그는 1778년 스코틀랜드 관세청장으로 임명되고 난 후 에딘버러 왕립협회 창립회원이 되었고 1790년 자택에서 병으로 세상을 떠났습니다. 그의 유언은 자신이 쓴 글 중에서 출간에 적절하지 않은 것들을 모조리 없애라는 것이었습니다. 그는 지적인 모험을 즐긴 진실한 학자였습니다.

위대한 스코틀랜드인은 그 외에도 여러 인물이 있습니다. 우리가 생각하지 못했던 인물들도 상당합니다. 몇 명을 소개하겠습니다. 생명공학자이자 세균학자인 알렉산더 플레밍Sir Alexander Fleming 입니다. 바로 우리가 잘 아는 페니실린penicillin을 발견해 1945년 노벨 생리학·의학상을 받았습니다.

그는 스코틀랜드 에이셔Ayrshire에서 교육을 받다가 상선회사에서 4년간의 근무를 마치고 런던 세인트 메리 의과대학현 임페리얼 칼리지을 졸업합니다. 1차 세계대전 동안은 군인으로 참전해 야전병원에서 복무하고 전쟁이 끝나고 세인트 메어리즈 병원에서 감염병 연구에 몰두합니다. 플레밍이 발견한 리소자임lysozyme과 페니실린은 모두 우연한 기회에 발견되었습니다. 1928년 상처를 감염시키는 포도상구균을 배양하는 과정에서 실수로 푸른곰팡이에 오염된 것을 보게 됩니다. 이 푸른곰팡이의 배양물을 통해 얻은 페니실린이 세균의 확대를 차단하는 항생물질이 있다는 것을 알게 됩니다. 그는 완전한 페니실린을 뽑아내는 데는 성공하지 못하지만 9년 후 옥스퍼드 대학의 하워즈 플로리Howard Walter Florey와 언스트 체인Sir Ernst Boris Chain이란 두 연구자가 페니실린을 배양하고 말려서 가루로 만드는 데 성공합니다. 1941년 포도상구균 감염 환자를 대상으로 실험해 완벽한 항생제를 탄생시킵니다. 페니실린은 '마법의 탄환'이란 별명을 가졌으며 상처의 감염뿐만 아니라 폐렴, 디프테리아, 수막염 등 많은 질병에 효과가 있는 인류 최초의 항생제입니다.

생소한 이름이지만 존 제임스 리카드 매클라우드John James Rickard Macleod란 스코틀랜드 에버딘Aberdeen 태생의 생리학자입니다. 에버딘 대학에서 의학을 공부하고 런던, 독일, 미국을 다니며 교수 생활을 하다 마지막 생애는 자신의 고향 에버딘으로 돌아와 모교에서 교수 생활을 했습니다. 그는 인체에 포도당의 주요 저장 형태인 글리

코겐glycogen이 포도당이 되는 것을 억제하는 인슐린, 바로 당뇨병 치료에 꼭 필요한 호르몬을 발견해 1923년 노벨 생리·의학상을 받았습니다.

존 스콧 홀데인John Scott Haldane은 에딘버러 태생이고 에딘버러 의대를 졸업한 의사이자 생리학자입니다. 그는 가스의 본질에 대한 지속적인 연구를 했으며 광산 재해 현장에서 유독가스로 사망하는 광부에 대한 원인을 연구하다 산소흡입장치를 개발해 영국 산업에서 중요한 광부들의 재해를 줄여주는 데 크게 기여했습니다.

윌리엄 플레이페어William Playfair는 스코틀랜드 엔지니어이자 경제학자입니다. 현대에도 그가 개발한 그래프를 이용한 통계 분석법은 그대로 사용하고 있습니다. 그는 막대그래프를 이용해 1781년 스코틀랜드와 무역하는 17개 국가의 수출입 통계를 통해 최초 정량적 그래픽 형태를 만들어 낸 인물입니다.

존 네이피어John Napier는 1550년 에딘버러 귀족 가문에서 태어난 수학자입니다. 그가 태어날 때 아버지 나이가 16살이었고 어머니는 얼마 안 가 사망합니다. 세인트 앤드류스St Andrews 대학에서 공부했던 그는 늦은 나이에 산술과 삼각법 등을 비롯해 로그를 발명했으며 계산 기계를 고안했던 인물입니다. 발명가이기도 한 그는 농지의 생산성 증대를 위해 비료를 실험하기도 하고 양수기를 발명하기도 했습니다. 그는 로그의 법칙에 해당하는 기본표를 20년간 계산해 만들고 1614년 《경이로운 로그 법칙의 서술》을 출간합니다. 위대한 수학자 시몽 드 라플라스Pierre-Simon, marquis de Laplace는 그에 대해 "네이피어 덕분에 몇 개월을 해야 할 노동이 단 며칠로 줄었고, 천문학자의 수명이 두 배로 늘어났으며 실수와 욕지기가 절감되었다." 라고 평가했습니다.

앨런 맥마스터Alan MacMasters는 세계 최초로 전기 토스터기를 발명한 사람입니다. 1883년 그는 새로운 전구 시스템을 개발해 기존보다 더 밝게 비출 수 있는 방법을 개발합니다. 그 시스템을 런던의 지하철 노던라인Northern Line에 설치하기로 결정되었습니다. 당시 전구 공급업체와 관련 있는 전기기술자 크롬튼Crompton은 전구의 필라민트에 니켈이 합류된 철사를 사용해 비용 절감을 하는 것에 대해 용인했다가 결국 공급계약이 무산되고 맙니다. 그런데 테스트를 할 때 불량 전구가 너무 뜨거워져 옆에 있던 빵이 갈색으로 변하는 것을 본 그는 그 원리를 이용해 전기 토스터기를 만들게 된 것입니다.

세계 최초 TV를 만든 존 로지 베어드John Logie Baird도 또한 스코틀랜드 레렌스버그에서 목사의 아들로 태어났습니다. 글래스고대학에서 수학을 공부하였으나 1차 대전으로 졸업까지는 못 했습니다. 그는 텔레비전을 만드는 것에 몰두하여 1925년 10월 세계 최초로 움직이는 인형을 상으로 보여주었습니다. 이것을 발전시킨 그는 1926년, 런던 소호에서 영국왕립학회 소속 과학자 50명과 〈타임즈〉 기자 한 명을 모아놓고 세계 최초의 움직이는 영상을 생중계로 보여 줍니다. 그 후 1927년에는 유선 전화선을 이용해 런던에서 글래스고까지 704km에 달하는 거리에 텔레비전 신호를 전송했습니다. 그가 만든 텔레비전은 세계 최초로 BBC가 텔레비전 방송을 시작할 수 있는 계기가 되었습니다. 그는 그 외에도 광섬유와 적외선 야간 투시경을 발명하기도 했습니다.

커크패트릭 맥밀란Kirkpatrick Macmillan은 최초의 페달 구동 자전거를 발명했습니다. 스코틀랜드 글래스고에서 대장장이로 일하던 그는 최초로 1839년 페달을 이용한 후륜구동 자전거를 개발했습니다. 그 외에도 알렉산더 그레이엄 벨Alexander Gragam Bell은 스코틀랜드에서 태어나 캐나다로 이주하고 미국에서 전화기를 발명했습니다. 알렉산더 베인Alexander Bain은 세계 최초로 전기 시계를 발명했고 종이테이프를 이용하는 전신기를 발명했습니다.

가이드의 어떤 하루

상상 초월 관광객, 한식을 향한 집념

최근 해외여행객을 보면 예전에 비해 한국 음식을 챙기는 사람들이 상당히 줄었습니다. 물론 개인적인 취향이기 때문에 그것이 나쁘다고는 할 수 없습니다. 체질적으로 못 먹는 음식이 있을 수도 있고 현지 음식이 맞지 않아 식사를 못 하는 사람들도 있으니까요. 그래서 최근에 여행을 떠날 때 준비하는 음식들을 보면 튜브 형태의 볶음고추장, 인스턴트 김, 참치캔, 인스턴트 죽 등을 가지고 갑니다. 또 많이 가지고 나가는 것이 누룽지입니다. 햇반과 컵라면은 기본 중의 기본입니다. 그런데 사실 이렇게 많이 가지고 나가서 그냥 가지고 오는 경우도 있습니다. 유럽 4개국과 동유럽, 북유럽 등을 다 다녀본 경험자들은 그런대로 현지 음식이 먹을 만하다고 생각해 최소한의 인스턴트 음식을 가지고 나가 마치 비상식량 역할을 하는 것으로 준비합니다.

그런데 예전에 해외여행이 시작되고 중국, 일본도 가보지 않고 바로 서유럽을 처음 나갔던 사람들은 서양 음식은 맛이 없고 입에 안 맞는다는 선입견 때문에 엄청난 음식을 준비해 나갔습니다. 사실 저렴한 패키지여행을 최근이 아닌 아주 오래전에 다녔던 사람들은 정말 못 먹을 정도로 부실한 시절도 있었기 때문에 충분히 이해는 갑니다. 그때는 지금 같은 일회용 인스턴트 음식이 많지 않았던 시절이라 고추장도 대한항공 비빔밥이 없던 시절에는 튜브 고추장은 없었고 집에서 병에다 고추장을 직접 볶아 싸 왔습니다. 사실 그 고추장이 맛은 더 있었습니다. 김도 물론 인스턴트가 아닌 집에서 정성스럽게 구웠을 것입니다. 심지어 물도 싸 오는 사람들도 있었으니까요. 왜냐하면 유럽 가면 물을 사 먹어야 한다고 하니까 물값도 아끼기 위해 가져왔으니까요.

그렇게 여러 한국 음식을 싸 오는 것은 이해가 가는데 상상을 초월하는 여행객들도 종종 있었습니다. 삼겹살에 불판, 휴대용 버너까지 가져와 방안에서 고개를 구워 먹는 경우도 있었습니다. 상상해 보십시오. 호텔 방에서 고기를 구우면 어떤 일이 일어날까요? 우선 화재경보기가 울릴 때가 있습니다. 덕분에 호텔에 묵고 있던 모든 사람이 파자마 바람으로 밖에 나와야 합니다. 소방차가 출동하고 화재 점검이 끝난 후에 다시 방으로 들어갈 수 있으니까요. 여름도 아닌 초가을쯤 때면 밖에서 몇백 명의 투숙객들이 밖에서 덜덜 떨고 있을 것입니다. 누군가가 방에서 삼겹살 파티를 했다고는 상상할 수 없었을 것입니다. 저도 오래전에 어떤 분이 휴대용 가스레인지에 쓸 부탄가스를 사달라고 한 적이 있었으니까요.

다양한 한국 음식 파티를 본 적이 있었는데 그중 최고는 다리미에 삼겹살을 구워 먹었던 사람들입니다. 지금 생각해 보니 전문적으로 호텔

방에서 삼겹살 파티를 하던 사람들 같습니다. 호텔에 가는데 방에 다리미가 있냐고 물어보길래 보통 영국의 웬만한 호텔에는 다리미가 있다고 얘기해 줬는데 목적은 따로 있었던 것입니다. 나중에 그들의 경험을 들었는데, 우선 방에 창문이 열려야 한다고 합니다. 창문이 열리지 않는 호텔에서는 절대 고기파티를 하지 않는다더군요. 창문이 열리면 일행 방에서 다리미와 다리미판을 가져와 두 개의 다리미판을 의자에 앉아 있는 높이로 조절해 맞추고 다림질하는 판이 위로 향하게 두 개를 이어서 설치합니다. 그리고 온도 조절을 하고 준비한 호일을 씌우고 난 다음 고기를 무리하게 많이 올리지 않고 조금씩 올려 굽는다고 합니다. 지금까지 그렇게 고기파티를 해봤어도 단 한 번도 화재경보가 울린 적이 없으며 4명이서 소주 2병, 고기 300g으로 깔끔히 끝낸다고 하더군요. 지금까지 봤던 여행객 중에 최고의 고수지 않았나 싶습니다.

북아일랜드에 잠긴 아픔
- 벨파스트

　인구 200만에 조금 못 미치는 1만 4천㎢의 영토를 가지고 있는 북아일랜드는 엄연히 그레이트 브리튼의 영토입니다. 아일랜드는 이미 1922년 독립했는데 왜 아일랜드섬의 동북쪽에 위치한 얼스터Ulster 지역은 아일랜드와 함께 독립하지 못했을까요? 여기에는 여러 역사적, 정치적 배경이 있습니다. 우선 북아일랜드로 가기 위해서는 스코틀랜드 지역에 위치한 항구 캐언리언Cairnryan에서 배를 타야 합니다. 이곳에서 북아일랜드 수도인 벨파스트까지는 약 2시간 15분이 걸릴 예정입니다. 탑승 방법은 우리가 타고 온 코치가 배 안으로 들어가서 주차를 하면 하차해 위로 올라가면 됩니다. 배의 데크는 총 10층까지 있는데 우리는 7층 또는 8층으로 올라갈 것입니다. 보통 자동차가 들어가는 데크는 3층이나 5층으로 들어가고 식당이 있는 데크는 보통 7층입니다. 우리가 타는 배는 여기서는 페리ferry라고 부릅니다. 총 길이는 215m이고 자동차를 120대까지 실을 수 있으며 탑승 인원은 승무원 포함 최대 1,000명입니다.

　사람들은 아일랜드와 북아일랜드가 뭐가 다른지 구분이 어렵습니다. 그리고 왜 북아일랜드가 생겨났는지도 궁금합니다. 아일랜드 전체 섬은 1542년 잉글랜드 국왕 헨리 8세가 아일랜드에 왕국을 세우고 스스로 국왕이 됩니다. 그 이전에도 아일랜드는 영국의 지배를 받아 오던 차에 헨리 8세가 공식적인 아일랜드의 왕이 된 것입니다. 이후 메리 여왕과 엘리자베스 1세에 이르기까지 계속적인 확장을 통해 아일랜드는 완전한 영국의 지배지로 자리 잡습니다. 그러던 중 스코틀랜드와 잉글랜드 통합왕 제임스 1세는 스코틀랜드인들을 아일랜드로 이주시킵니다. 바로 우리가 페리를 타고 이동하는 루트입니다. 이 루트가 스코틀랜드에서 아일랜드를 잇는 가장 짧은 거리입니다.

1658년에는 찰스 1세를 폐위한 올리버 크롬웰에 의해 아일랜드인들은 토지를 뺏기고 영국이 빼앗은 토지는 잉글랜드인들에게 분배해 주는 역사가 있었습니다. 토지를 소유하게 된 잉글랜드인들은 소규모 인구에도 불구하고 대부분의 아일랜드 토지를 소유하며 지배계층으로 나서게 됩니다. 그렇게 바로 현재 북아일랜드가 위치한 얼스터는 잉글랜드화되고 아일랜드섬의 남부와 서부에 비해 비약적인 발전을 하게 됩니다. 단적인 예로 1845년 아일랜드 대기근 당시에 북아일랜드는 별다른 영향 없이 지냈다고 할 정도입니다. 산업혁명 이후 북아일랜드는 남쪽에 비해 대규모 공장지대를 건설하며 산업이 비약적인 발전을 하게 되는데 그중 하나가 바로 조선업이었습니다. 그래서 타이타닉을 벨파스트에서 건조하게 되는 것입니다.

북아일랜드의 역사는 아일랜드 역사와 뗄 수 없는 연관성이 있습니다. 바로 아일랜드의 독립입니다. 우리는 북아일랜드 투어를 마치고 남쪽으로 내려가 더블린으로 갈 예정인데, 더블린에 가서 아일랜드의 독립과 독립 영웅들에 대해 따로 말씀드리겠습니다. 다만 아일랜드 독립을 이해해야 왜 북아일랜드가 아직까지 영국의 땅으로 남아 있는지를 이해할 수 있습니다. 아일랜드의 독립영웅 중의 한 사람인 찰스 스튜어트 파넬Charles Stewart Parnell은 아일랜드의 자치를 요구하였으나 잉글랜드는 이에 응할 의향이 전혀 없었습니다. 그러던 중 1차 세계대전이 발발하고 그 틈을 타 1919년 아일랜드 의용군이 결성돼 독립전쟁이 시작됩니다. 전쟁은 결말 없이 끝나게 되고, 1921년 12월 6일 영국과 아일랜드는 휴전협정을 맺고 아일랜드의 자치를 인정하게 됩니다. 그렇지만 북쪽 얼스터 지역의 사람들은 아일랜드의 자치정부를 반대하며 영국 치하에 존재하기를 원합니다. 결국 영국과 아일랜드가 맺은 조약의 내용 중 북쪽 얼스터는 영국에 계속 잔류한다는 내용을 포함하게 됩니다.

아일랜드는 당시 이 조약의 내용에 문제가 있지만 아일랜드인들은 우선 독립이 더 중요하다는 판단으로 1922년 북쪽을 제외한 나머지 영토에서 아일랜드공화국을 출범하게 되고 북쪽 얼스터는 북아일랜드로 분단되어 종결됩니다. 애초 얼스터 지역에서 활동하던 북아일랜드 해방군IRA은 아일랜드 독립 이후에도 아일랜드와 합쳐져야 한다며 내전까지 겪었지만 모두 실패로 돌아가자 수십 년에 걸쳐 무장 해방운동을 펼칩니다. 급기야 1972년 1월 30일, 영국의 공수부대가 북아일랜드 가톨릭 신도들을 사살하는 '피의 일요일 사건'이 발생합니다. 이 사건 이후 IRA는 세력을 확장시켜 잉글랜드에서 테러를 시도하기 시작합니다. 바로 런던에서 돌발적인 폭탄테러를 자행한 것입니다.

이런 비극적 역사가 이어지던 1998년 4월 10일 역사적인 벨파스트 협정을 통해 모든 테러 행위는 마침표를 찍게 됩니다. 이 협정은 아일랜드와 북아일랜드 그리고 잉글랜드가 함께 합의한 협정으로서 기존까지 아일랜드는 북쪽 얼스터 지역을 자신의 영토라고 주장했지만 이 협정을 계기로 북쪽에 새로운 자치정부를 세우며 의회를 설립하는 등 독립된 또 하나의 연합왕국이 탄생하게 됩니다.

이런 북아일랜드의 불안정한 사회질서에는 오랜 역사적 배경이 있는데 그중 하나는 가톨릭 신자들에 대한 차별입니다. 바로 개신교인 성공회와 구교의 차별입니다. 사회 시스템적인 모든 것에서 차별이 있었는데 그중 가장 큰 차별 정책은 고용과 교육입니다. 고용에 있어서도 북아일랜드 벨파스트는 세계 최대 조선업의 중심지였지만 그곳에서 일할 수 있는 사람들의 대부분은 개신교들이었습니다. 그 비중이 95%에 달했다고 합니다. 그뿐만 아니라 교육에 있어서도 공립학교는 개신교 가정만 다닐 수 있었고 아일랜드인들은 가톨릭 학교만 다닐 수 있었던 것입니다.

공공임대주택에서도 가톨릭 신자들은 차별을 받았습니다. 현대 민주주의에서는 이해할 수 없는 투표권에도 차별이 있었습니다. 집을 소유하고 있는 사람만 투표권이 주어져서 일부 신교도들은 집을 여러 채 보유하며 그 숫자만큼 투표권을 행사할 수 있었지만 집을 소유하지 못한 구교인들은 투표권조차 없었던 것입니다. 나아가 공직이나 입대도 제한되는 등의 무수한 차별이 수백 년 동안 이어져 왔습니다. 평균적으로 북아일랜드에는 66.2%의 개신교도들과 33.5%의 가톨릭교도들이 거주하고 있는데 이것은 아일랜드 북쪽의 특징적인 지표로 볼 수 있습니다. 남쪽 아일랜드는 대부분의 인구가 가톨릭교도들이고 일부 개신교도들이 있었다면 북쪽 얼스터 지역은 잉글랜드에서 이주해 온 개신교도인 성공회 신자들이 지배계급으로서 다수를 차지하는 비율이었기 때문에 소수의 가톨릭 신자들은 저항할 수 있는 인구의 숫자조차도 미치지 못했습니다.

거인의 둑길 자이언트 코즈웨이

　북아일랜드에서 가볼 만한 곳은 정말 한정되어 있습니다. 모든 북아일랜드를 들어오는 관문은 벨파스트이고 그곳에서 하루를 체류합니다. 이유는 남쪽 더블린에 가기 위한 거점지역이기 때문입니다. 보통 스코틀랜드를 거쳐 들어올 수 있는 가장 짧은 루트가 캐언리언과 벨파스트 사이의 해협입니다. 따라서 모든 관광코스는 이쪽 루트를 통해 아일랜드로 들어오는 것입니다. 이곳에서 볼만한 것은 자이언트 코즈웨이가 유일하다시피 합니다. 물론 2010년 오픈한 타이타닉 박물관이 있지만 입장료가 너무 비싸고 시간별로 예약해야 하기 때문에 시간상 방문을 못 하고 바로 더블린으로 내려가야 하는 상황이 발생하기도 합니다.

자이언트 코즈웨이Giant's Causeway는 벨파스트 시내에서 1시간 50분 정도 떨어진 거리에 있습니다. 5~6천만 년 전에 형성된 4만여 개

의 주상절리가 있는 곳입니다. 아일랜드 북쪽 아일리쉬 위스키로 유명한 부시밀Bushmill 마을 인근에 위치한 이곳에서 우리는 북대서양의 바닷바람을 맞으며 산책할 예정입니다. 앤트림 고원Antrim plateau과 해안 경계를 따라 현무암 절벽 앞에 솟아 있는 지름 45cm 크기의 검은 현무암 기둥이 모여 있는 주상절리입니다. 가장 큰 것은 높이가 28m에 이르며 총 40,000개의 기둥들이 코즈웨이 헤드Causeway Head와 벤베인 헤드Benvane Head 사이 약 6km에 달하는 해안선을 따라 형성되어 있습니다. 해안가에 가면 바다와 접해 있는 높은 절벽을 볼 수 있는데 그 높이는 100m에 이르며 1986년 유네스코 세계자연유산에 등재됐습니다.

전설에 따르면 이름에서 알 수 있듯이 거인의 얘기입니다. 아일랜드 거인 핀 막 쿠월Find Mac Cuail이 스코틀랜드 거인 버낸도너Benandonner로부터 결투 신청을 받고 아일랜드 북쪽과 스코틀랜드를 연결하는 둑길을 만들었는데 쿠월은 버낸도너가 자신보다 훨씬 큰 거인이란 것을 보고 두려운 나머지 집으로 도망을 칩니다. 집까지 쫓아온 버낸도너가 쿠월을 찾자 겁에 질린 쿠월은 자신의 아내에게

자신을 찾아온 버낸도너에게 집에 없다고 얘기해 달라고 부탁하고는 침대에 들어가 이불을 덮고 숨어버립니다. 쿠월을 찾으러 방까지 들어간 버낸도너는 이불 밖으로 나온 발을 보고 누구냐고 물어봅니다. 이에 쿠월의 아내는 쿠월은 밖에 나갔고 아이만 있다고 대답합니다. 버낸도너는 아이의 발이 엄청 큰 것을 보고는 그럼 쿠월은 자신보다 더욱 큰 거인일 거란 상상에 지레 겁을 먹고 도망가는데 혹시라도 쿠월이 쫓아올까 봐 둑길을 부수며 도망가는 바람에 현재 주상절리 모양이 되었다고 합니다. 이야기를 뒷받침해 주듯이 스코틀랜드 스타파 섬 인근에 동시대에 형성된 주상절리가 형성되어 있어 이런 신화를 뒷받침해 줍니다. 물론 말도 안 되는 얘기지만 자이언트 코즈웨이에 들어서면 큰 영상에 신화 이야기를 애니메이션으로 반복해 보여주고 있습니다.

자이언트 코즈웨이는 그야말로 자연을 보러 가는 길입니다. 15분 정도 걸어 내려가서 주상절리와 북대서양 바다를 배경으로 사진도 찍고 돌아올 때는 셔틀버스를 타거나 걸어오는 방법이 있습니다.

10일간의 영국 일주 인문학 여행

타이타닉의 고향 벨파스트

20세기 초, 북아일랜드의 수도 벨파스트에서 건조된 타이타닉호는 화이트 스타라인White Star Line에 의해 기획되고 완성된 세계에서 가장 호화로운 여객선 중 하나였습니다. 이 회사는 올림픽급 여객선인 'RMS 올림픽호Olympic', 'RMS 타이타닉호Titanic', 'RMS 브리타닉호Britannic를 포함해 총 세 척을

타이타닉 박물관

보유하고 있었습니다. 'RMS'는 'Royal Mail Ship'의 약자로 총 10척의 배올림픽, 타이타닉, 브리타닉, 루시타니아, 모리타니아, 퀸 메리, 퀸 메리 II, 퀸 엘리자베스, 퀸 엘리자베스 II가 이 명예를 받았습니다. 당시 영국 정부는 우편물 해상운송을 위해 신뢰할 수 있는 선박회사와 계약을 맺고, 선박 이름 앞에 'RMS'를 붙이는 것을 허가했습니다. 이는 해당 배가 정확한 시간에 도착하는 안전하고 신뢰할 수 있는 배임을 의미했으며, 주로 영국, 미국, 아일랜드 노선을 운항하는 배들이 이 역할을 담당했습니다.

타이타닉호는 전체 길이는 269.1m, 폭이 28m, 높이는 53.3m로 총 11층으로 무게는 46,328톤으로 올림픽급 여객선입니다. 올림픽급은 총톤수가 5만 톤에 해당하는 선박을 말합니다. 최대속도는 23노트,

시속 43km에 해당하고 배
를 움직이는 엔진은 스카치
식 보일러 24기와 보조 보
일러 5기를 갖췄으며 레시
프로 4기통 엔진이 2기, 증
기터빈 1기와 혼성 3축, 스

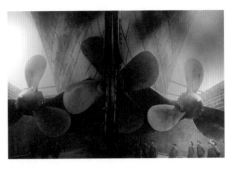

크루 3기를 갖추고 있었습니다. 영화 〈타이타닉〉을 보면 침몰하는
장면에 배가 두 동강 나며 뒷부분이 들어 올려지면서 3날로 되어 있
는 스크루 3개가 보입니다. 3개 중 바깥쪽의 2개는 무게가 38톤이고
중앙의 스크루는 22톤에 달했으며 각각의 날개 하나 길이가 5m에
이르는 당시 최대 크기를 자랑했습니다.

　타이타닉은 거대한 굴뚝 4개가 설치되어 있습니다. 그러나 마지
막 네 번째 굴뚝은 사실 굴뚝이 아닌 선베드Sunbed 같은 물품을 보
관하는 창고로 썼고 또 한 가지는 환풍 역할을 하는 용도였습니다.

그래서 영화에서도 배가 운항할 때 4개의 굴뚝 중 3개에서만 연기가 올라오는 모습을 볼 수 있습니다. 최대 탑승 인원은 승무원과 승객을 포함 3,547명이지만 1912년 출항 때는 승객 1,317명과 승무원 885명이 탑승해 총 2,202명이었습니다. 선실 수는 1등실 416개, 2등실 162개, 3등실 269개며, 전용실과 갑판실 등이 40개가 따로 있었습니다. 첫 출항 당시에는 1등실 329명, 2등실 285명, 3등실 713명이 탑승해 있었으며 선원이 885명 탑승했는데 선원은 갑판부 66명, 기관부 325명, 기관부 인원 중 증기기관을 움직이기 위한 화부가 176명이었고 그들이 때는 석탄의 양이 하루에 22톤이었습니다. 또한 배의 서비스를 담당하는 승무원이 431명으로 가장 많았고, 서비스 승무원 중 객실 승무원이 322명이었습니다. 나머지 인원은 통신사, 사무원 및 간호사, 조리실과 식당 직원, 구두닦이, 이발사까지 다양한 직종의 승무원이 탑승했습니다. 또한 레스토랑과 카페직원이 69명, 'RMS' 선박답게 우편 취급원 5명이 탑승해 있었으며 영화에서도 등장하는 악단 8명도 포함되어 있었습니다.

총 11층으로 구성된 타이타닉은 당시로선 최고로 호화로운 시설을 갖추고 있었습니다. 1등실에 탔던 329명의 승객들은 급하게 미국을 방문하는 목적이 아닌 대부분 여행이나 호화여객선을 즐기기 위해 승선한 당대 상류층이었습니다. 그도 그럴 것이 당시 1등실 티켓 가격은 현재 가치로 환산하면 1억 2천만 원에

달한다고 합니다. 이 액수는 미국인의 10년 치 월급에 해당하는 큰 금액이었습니다. 특급 호텔급인 1등실은 냉온수가 나오는 개인 목욕탕을 전 객실에 구비하고 있었으며 1등실 전용 150m 길이의 산책로와 체육관, 독서실, 흡연실, 스쿼시 코트, 수영장, 터키탕 등이 갖춰져 있었습니다. 1등실 외에 특별실이 4개가 더 있었는데 이는 추가 요금을 내고 전용 테라스를 갖춘 최상급 시설이었습니다.

2등실에 탔던 285명은 주로 중산계층의 사람들과 일부 파견직 선원이 포함돼 있었습니다. 1등실만은 못하지만 그에 못지않게 승강기를 이용해 도서관, 독서실, 산책로 데크 등의 시설들을 갖추고 있었습니다. 타이타닉의 2등석은 다른 선박의 1등석에 버금가는 시설을 갖추고 있었으며 17세기 스타일의 참나무 패널로 장식된 식당을 처음 사용하는 2등실 승객들은 자신들이 1등실 식당에 잘못 들어온 줄 알고 다시 나가는 해프닝도 있었다고 합니다. 3등실에는 710명이 탑승했는데 대부분 새로운 삶을 살기 위해 미국으로 떠나는 가난한 사람들이었습니다. 이들은 영국뿐만 아니라 다른 나라 사람들도 있었는데 영국 다음으로 아일랜드인이 가장 많았고 중동인, 중국인도 있었습니다.

3등실은 배 아랫부분에 위치하기 때문에 엔진소리가 심하게 들리긴 했지만 다른 어떤 배보다 시설이 좋았습니다. 4인실 또는 6인실로 되어 있었으며 매번 메뉴가 바뀌는 하루 3번의 식사가 제공됐습니다. 보통 삶은 달걀, 오트밀 빵, 스프, 고기 요리, 과일이 제공되었고 더구나 티타임 시간엔 차와 간식까지 제공되는 등 가난한 사람들에게는 새로운 경험이었습니다. 어떤 이들은 "우리 집보다 더 좋다"고 했다고 합니다.

타이타닉호는 1912년 4월 10일 오전 6시, 잉글랜드 남부 사우샘프턴Southampton, 모든 선원이 승선을 마치고 9시 30분부터 열차를 타고 도착한 2등실과 3등실의 승객들이 탑승을 시작했습니다. 1등석 승객들은 그보다 늦은 시간에 승선을 시작해 11시 30분에 모든 승선을 마쳤습니다. 출항 준비를 마치고 선장은 선상에서 영국 상무부 대표로부터 출항 승인에 대한 사인을 받고 출항 전 모든 준비를 마칩니다. 정오가 되자 휘파람을 세 번 불고 타이타닉은 사우샘프턴을 출발해 도버해협을 건너 프랑스 셰부르Cherbourg와 아일랜드 퀸스타운Queentwon에 기항, 뉴욕으로 향합니다. 출항하고 나흘 동안 배는 평화스럽고 사람들은 행복한 모습으로 당대 최고의 선상생활을 즐기고 있었습니다.

에드워드 스미스Edward Smith 선장의 지휘 아래 타이타닉은 순조롭게 순항합니다. 스미스는 화이트 스타 라인에서만 20년을 근무한 최고의 베테랑 선장이었습니다. "세계에서 가장 경험이 많은 선장"으로 불리던 그는 타이타닉과 쌍둥이함인 '올림픽호'의 첫 항해 때도 선장을 맡았던 인물입니다. 그가 얼마나 유명한 선장이었는지는 당시 화이트 스타 라인이 운영하는 배를 이용하던 고객들 중에는 스미스 선장의 배만 타겠다는 사람들이 상당수 있을 정도로 그에 대한 신뢰가 높았다고 합니다. 그는 당시 자신의 바다 인생을 마무리하고 나머지 인생을 편안하게 보내려는 계획을 세우고 있었습니다. 그러나 회사에서 마지막 항해를 명예롭게 퇴직하자고 제안하며 타이타닉 첫 출항의 선장을 맡아 달라고 합니다. 그 제안을 받아들여 그는 타이타닉에 승선하게 됩니다.

타이타닉의 무선시설은 이탈리아 마르코니Marconi사의 직원이 파견 나와 근무하고 있었습니다. 마르코니사는 굴리엘모 마르코니Guglielmo Marconi가 설립한 통신회사입니다. 이탈리아 물리학자이자 발명가인 그는 세계 최초로 무선통신의 실용화에 성공합니다. 영국과 미국에서 무선 전신 장치 특허를 취득했고, 20세기 초 세계 곳곳에서 활동하는 대부분의 무선통신기사는 마르코니사 소속 직원들이 파견 나가 근무하는 형식이었습니다. 따라서 타이타닉호의 무선통신사도 선원이 아닌 마르코니사의 직원이 파견근무 중이었던 것입니다. 무선통신사가 타이타닉에서 주로 하는 업무는 승객들이 영국이나 미국 등지로 무선 전보를 보내거나 받는 일이었습니다. 타이타닉은 출항해 사고가 나기 전까지 총 21번의 빙산 경고 무선을 받았습니다. 그러나 스미스 선장은 새롭게 들여온 무선통신에 대한 신뢰가 높지 않았습니다. 그런 것들 없이도 그는 평생 대서양은 수없이 무사고로 횡단했기 때문입니다.

선원들의 실수도 사고에 한몫했습니다. 가장 큰 실수는 배의 위치를 기록하는 좌표를 잘못 계산한 것입니다. 보통 육분의각도로 위치를 파악하는 도구와 갑판시계 그리고 해상 크로노미터를 이용해 배의 정확한 위치를 파악해야 하는데 당시 항해사의 실수로 항로를 이탈하게 됩니다. 타이타닉과 같은 초대형 선박은 단 1분만 항로를 벗어나도 위도 상 1.6km 정도의 거리를 벗어나게 됩니다. 당시의 모든 배는 비행기의 블랙박스와 같은 역할을 하는 항해일지도 기록했다고 합니다. 배가 출항하고부터 모든 운행기록을 수기로 기록하는 노트입니다. 그러나 타이타닉의 항해일지는 끝내 발견되지 않았습니다. 때문에 항로를 벗어났다는 증언들은 있었지만 정확한 증거는 밝혀내지 못했습니다. 보통 배가 사고로 침몰하더라도 항해일지는 방수가방에 완전 밀봉한 다음 선임항해사가 가지고 구명정에 올라타는 것이 관례입니다. 하지만 타이타닉의 항해일지는 어디서도 찾을 수 없었고 항해기록은 그저 추측과 증언으로만 남아 있습니다.

4월 14일 배 안의 무전실에서 근무하던 통신사들은 앞서가던 다른 배들로부터 지속적인 동일한 메시지를 받습니다. 빙산에 대한 경고였습니다. 북대서양을 먼저 횡단하고 있던 아메리카호는 커다란 빙산 2개를 지나쳤다고 무선을 통해 전하며 빙산의 정확한 위도와 경도까지 알려줍니다. 보통 이런 중요한 통신정보는 함교에 전달되고 그 위치는 해도에 정확히 표시해 두고 항해사들은 그 위치를 지속적으로 검토하는 것이 일반적입니다. 당시 타이타닉으로부터 북쪽으로 31.4km 떨어진 위치에 보스턴으로 향하던 화물선 '캘리포니안'은 당일 7시 30분 빙산에 대한 위험 때문에 운항을 멈추고 무선으로 주변의 배들에게 경고메시지를 알렸습니다. 그에 대해 타이타닉호는 아무런 답변을 하지 않았다고 합니다. 물론 타이타닉은 감속 없이 항해를 이어가고 있었습니다. 그 이유에 대해서는 한 가지 설득력 있는 증언이 사고 후 진상조사 청문회에서 나왔습니다. 바로 브루스 이즈메이, 화이트 스타 라인의 회장이며 타이타닉의 선주에 관한 것입니다.

당일 낮 2시경 갑판에서 시간을 보내던 이즈메이는 동쪽으로 379km 떨어져 항해하는 같은 화이트 스타 라인 소속 배인 '발틱호'로부터 빙산에 대한 경고를 받습니다. 무선기사는 경고메시지를 스미스 선장에게 건네줍니다. 그 메시지를 이즈메이한테 보여주자 그가 그 쪽지를 바로 주머니에 쑤셔 넣는 것을 일부 선원이 봤다는 증언이 있었습니다. 이유는 함교 선원들이 보면 안 될 것 같았기 때문으로 추측됩니다. 만약 함교 선원들이 보았다면 배는 당연히 속도를 줄이거나 멈춰야 하기 때문입니다. 이즈메이는 예정된 시간에 뉴욕항에 도착해 많은 사람들로부터 환영받고 기다리던 기자들로부터 인정받고 싶었기 때문이란 추측이 가능합니다.

밤 11시 29분 돛대 꼭대기 망대에 있던 견시를 보던 갑판 선원 프레데릭 플리트Frederick Fleet 는 거대한 얼음덩어리를 발견합니다. 때마침 쌍안경을 보관하던 보관함 열쇠가 인계되지 않아 두 명의 견시 선원은 망원경 없이 육안으로 근무 중이었습니다. 그날은 달이 없는 날이라 바다는 온통 어둠 속에 덮여 있었고 뒤늦게 빙하 덩어리가 육안으로 발견된 것입니다. 순식간에 망대의 종을 3번 칩니다. 동시에 전화기로 달려가 함교에 있던 6등 항해사 제임스 무디James Moody에게 전방에 빙산이 있다고 알려줍니다. 타이타닉은 시속 40km 전속력으로 항해하고 있었습니다. 일등항해사 윌리엄 맥마스터 머독William McMaster Murdoch은 순간 판단을 해야 했습니다. 45초, 타이타닉이 빙산을 피할 수 있는 남은 시간입니다. 빙산은 전방 450m 위치, 망루 높이와 비슷한 18m 높이였습니다. 머독은 바로 좌현전타를 명령합니다. 전속후진Astern Full을 기관실에 지시한 후 혹시나 모를 사태에 대비하기 위해 보일러실의 방수격벽을 닫으라고 지시합니다. 조타수는 지시에 따라 최대한 키를 왼쪽으로 돌렸지만, 워낙 거대한 배였고 빙산이 너무 가까운 거리에서 발견된 탓에 회전과 감속이 제대로 되지 않았습니다.

11시 40분, 배의 우현 측면이 빙산을 8초 동안 긁고 지나가는 충돌이 발생합니다. 빙산과 충돌한 순간 3등실 승객들은 소리와 흔들림에 잠에서 깨어났고, 위쪽 1등실 승객들은 가벼운 흔들림을 느꼈을 뿐 놀랄 정도는 아니었다고 합니다. 스미스 선장은 선장실에서 쉬고 있었지만 흔들림을 감지하고 바로 조타실로 향해 상황에 대한 보고를 받고 피해상황 점검을 지시합니다. 선장은 충돌에 따른 조치로 미속전진Ahead Dead Slow을 지시합니다. 그것은 충돌로 인한 배에 손상을 더욱 악화시키는 조치였습니다.

빙산의 넓이는 약 120m로 축구장보다 넓었고 해수면 아래 보이지 않는 빙산의 크기는 보이지 않는 바닷속에 무려 180m나 되는 무게만 150만 톤에 달했습니다. 이 무게는 거대한 항공모함 15대에 맞먹는 무게고, 단단함은 화강암 석산과 같았습니다. 탄소를 압축하면 다이아몬드가 되고 물을 압축하면 바로 밀도가 높은 빙산이 되는 것입니다. 선장은 충돌로 인한 피해 보고를 받습니다. 바닷물이 순식간에 2m 정도 차오를 것이란 보고였습니다.

11시 52분, 스미스 선장과 타이타닉 설계자 토마스 앤드류 그리고 선주 브루스 이즈메이가 조타실에 모입니다. 선장은 앤드류와 피해 상황을 직접 확인합니다. 이미 최하 갑판이 완전히 침수됐고 우편원들이 물에 잠긴 우편물을 옮기기 위해 분주했고 일부 승객과 승무원들이 복도까지 차오르는 물을 피해 피신하는 장면을 목격하고 재차 회의를 진행합니다. 앤드류는 현재의 상태라면 이미 5개의 구역에 물이 차오르고 있고 나머지도 길어야 2시간이면 침수될 수 있다는 의견을 냅니다. 스미스 선장은 조타실로 돌아가 긴급타전이 적힌 쪽지를 무전실로 전하고 모든 엔진을 정지시키라고 지시합니다. 바로 이어서 12시 5분, 탈출 명령을 내립니다. 잠들어 있던 모든 승객을 깨워 갑판에 집결시키고 구명조끼를 나눠주기 시작합니다.

12시 15분, 첫 구호 신호가 무전을 타고 퍼져나갑니다. 안타깝게도 가장 가까이 있었던 '캘리포니안호'의 1명밖에 없는 무선사는 무전기를 끄고 잠들어 타이타닉의 위급상황을 알지 못했습니다. 갑판에 모여 있던 승객들 중에는 구명정에 타라는 선원들의 지시에 나무로 만든 이 조그만 보트를 타는 것이 더 위험하다며 거부하기도 했습니다. 왜냐면 강철로 만든 이 큰 배가 안전할 것이라 믿었고 설마 배가 침몰하리라고는 상상하지 못했다고 합니다. 제빵장 찰스 조그힌Charles John Joughin은 비상식량으로 빵을 준비해 구명정마다 실었고 배가 침몰하기 전 마지막에 상당히 많은 양의 위스키를 마셨다고 합니다. 덕분에 그는 구명정에 올라타지 않았지만 얼어붙은 바닷물을 견딜 수 있는 만큼의 체온을 유지했고 결국 2시간 동안 바닷물에 떠 있다 기적적으로 구조됐습니다.

탈출 명령에 따라 2등 항해사는 선장에게 구명정에 여자와 아이들을 먼저 태우는 것을 건의하고 이에 선장의 승인을 받았습니다. 보통 사고가 발생하고 혼란스러운 상황이 되면 여자나 아이들의 생존 가능성은 더 낮다고 합니다. 시간이 지나고 배는 점점 가라앉아 갑판이 물에 잠기고 승객들은 더욱 혼란해졌습니다. 이 틈에 마지막 구명정에 올라탄 사람이 있는데 바로 화이트 스타 라인의 회장 이즈메이였습니다. 그 마지막 구명보트는 아직도 미스터리로 남아 있는데 탑승자 대부분이 여자나 아이가 아닌 남자였다는 것입니다.

새벽 2시가 넘어서자 배는 점점 기울어져 바닷속으로 처박히고 있었고 그 순간에도 월레스 하틀리Wallace Hartley가 이끄는 8명의 악단은 '내 주를 가까이하게 함은Near, My God, to Thee'을 연주하기 시작합니다. 그 음악이 연주되는 시간, 배에 남은 구명정은 없었고 연주자 8명은 구명조끼도 입지 않고 가라앉는 배와 함께 끝까지 연주했습니다.

스미스 선장은 마지막 구명정이 내려가는 것을 확인하고 무전실로 가서는 무선사 잭 필립스Jack Phillips과 헤롤드 브라이드Harold Bride에게 살길을 찾아보라고 말하고는 함교로 들어가 문을 잠그고 타이타닉과 함께 마지막 순간을 기다리고 있었습니다. 새벽 2시 20분 타이타닉은 반으로 쪼개져 북대서양의 차가운 물속으로 사라집니다. 배가 가라앉고 물에 떠 있던 1,500명의 승객과 승무원은 몇 분 안 되어 얼어 죽었습니다. 그나마 40명이 살아서 구조되었는데 그들은 탈출한 20척의 구명정 중 단 2척만이 침몰 현장에 사람들을 구하러 돌아온 덕분입니다. 1번 구명정은 42명이 탈 수 있는데 12명만 타고 있었지만 선원이 돌아가 구조를 하자고 하자 일부 1등실에 탔던 승객들의 반대에 끝내 돌아가지 못했습니다. 93km 떨어져 있던 '카르파시아RMS Carpathia호'는 무전 구호 신호를 확인하고 침몰 지점에 전속력으로 달려옵니다. 그리고 구조된 사람들은 뉴욕항으로 돌아가고 나머지 시신들은 추후 수습됩니다.

사고 후 시신 인양을 위해 배들이 사고지점으로 향했고, 총 328구의 시신을 인양합니다. 이 중 연고 없는 시신과 선원의 시신은 영국 근해에서 장례를 치르고 수장합니다. 205구의 시신은 캐나다 핼리팩스Halifax에 안장되었습니다. 마지막까지 죽음을 맞았던 사람들을 위해 연주를 했던 월레스 하틀리는 8명의 연주자들 중 유일하게 시신이 수습됩니다. 그는 바이올린 케이스를 목에 감고 물에 떠 있었기 때문에 다행히 수습되었습니다. 그가 마지막 죽는 순간까지 지니고 있었던 바이올린은 그의 약혼녀 마리아Maria가 선물해 준 것입니다. 그는 이 바이올린으로 마지막까지 승객들을 안정시켜 주기 위해 구명조끼도 착용하지 않고 나머지 악단 7명과 함께 3시간 가까운 시간을 차분하게 연주합니다. 마리아가 보관하고 있던 그 바이올린은 그녀가 세상을 떠나고 67년이 지난 후 영국의 시골 다락방에서 발견돼 경매를 통해 한화 15억 원에 낙찰되었습니다. 하틀리의 장례식에는 4만여 명이 모여 그를 추모했으며 그는 잉글랜드 콘른Coln에 잠들어 있습니다.

전체 탑승자 2,224명 중 생존 비율은 32%인 710명이었고 사망자는 1,514명이었습니다. 이 중 사망한 어린이는 1등석에서 1명, 2등석에서는 단 한 명도 없었습니다. 여자의 경우 1등석에 144명이 탑승했지만 사망자는 4명에 불과했습니다. 남자는 승무원과 승객 포함 1,690명 중 1,352명이 탈출하지 못하고 사망했습니다. 배에는 12마리의 개가 있었는데 그중 살아남은 개는 딱 3마리였습니다.

생존자들 중에 가장 오래 살았던 사람은 영국의 지도학자이자 교수인 밀비나 딘Millvina Dean, 1912~2009이었습니다. 그녀는 타이타닉 승객 중 최연소 승객이었는데 당시 생후 9개월의 갓난아기였습니다. 그녀는 어머니와 오빠 그리고 아버지와 함께 탑승했는데 아버지는 타이타닉과 함께 유명을 달리했고 나머지 가족은 살아 돌아올 수 있었습니다. 그녀는 타이타닉이 출발한 사우샘프턴에서 평생 살았으며 어려운 경제 사정으로 인해 보관하고 있던 가족의 유품을 경매로 내놓기도 했습니다.

승무원 중에 특히 사망자가 많았고 기관사들은 전원 사망했습니다. 반면에 조타수는 전원 생존했는데 배에 대한 지식이 전혀 없는 승객들만 있으면 혹시라도 표류하거나 작은 구명정이지만 운영하지 못할 수 있기 때문에 배를 바른 방향으로 몰 수 있는 항해사나 조타수들은 전원 승객과 함께 구명정에 탑승할 수 있었습니다. 그러나 타이타닉의 설계자 토마스 앤드류는 흡연실로 들어가 배와 함께 생을 마감합니다. 어떤 1등실 승객은 배가 기우는 와중에도 하고 있던 카드게임을 계속하고 있었다고 합니다. 유명한 언론인 윌리엄 토마스 스티드William Thomas Stead, 1849~1912도 있었는데 그는 조용히 책을 읽고 있었습니다. 그는 한국과도 인연이 있는데 헤이그 특사인 이준 열사를 인터뷰해 〈만국평화회의보〉에 실었으며 국제 기자간담회까지 주선해 준 인물입니다. 그는 구명조끼도 다른 사람에게 양보하고 맨몸으로 책을 읽고 있었다고 합니다.

또 다른 희생자 중 영국 가톨릭 사제 루셀 데이비즈 바일스Thomas Roussel Davids Byles 신부는 구명정 탑승을 거부하고 마지막 구명정을 타지 못한 사람들을 위해 기도를 해주고 있었다고 합니다. 그 외에 백만장자 구겐하임 가문의 벤자민 구겐하임Benjamin Guggenheim, 1865~1912은 프랑스 쉘브르에서 타이타닉에 탑승했습니다. 사고가 난 후 구명정에 탑승하지 않고 자신이 가지고 있는 가장 좋은 옷으로 갈아입고 신사답게 생을 마감하겠다며 한 손에는 위스키 잔을 들고, 한 손엔 시가를 들고 배와 함께 최후를 맞이합니다. 그의 죽음과 함께 유산은 딸 페기 구겐하임Peggy Guggenheim이 물려받아 유산으로 많은 미술작품을 구입합니다. 그리고 작품들을 모아 구겐하임 미술관을 설립합니다.

그 외에도 구명정 탑승을 거절한 1등실 승객들이 여럿 있었습니다. 1등실 승객 중 가장 부자였던 애스터 4세John Jacob Astor IV,

1864~1912는 당시 19세였던 새신부와 함께 유럽 여행을 다녀와 미국으로 돌아가는 길이었습니다. 신부 매들린Madeleine을 구명정에 태운 후 자신은 탑승을 거부한 채 승객들의 탈출을 도왔습니다. 그러나 그 후 바로 바다에 빠져 익사합니다. 또한 세계 최대 백화점이던 메이시즈Macy's 백화점의 소유주인 스트라우스Straus 부부는 구명선 승선을 거부하고 자신의 하녀를 자기 대신 구명정에 태운 후 "나는 다른 이가 누리지 못하는 특권을 누리고 싶지 않다"며 부부는 물이 들어오는 침실에 서로를 안아주고 생의 마지막을 맞이합니다. 생존자 중에는 일본인도 있었습니다. 마사부미Masabumi는 구명정에 탑승하고 생존했는데 일본 대중은 살아남은 그를 다른 승객들과 죽지 않은 겁쟁이라고 비난했다고 합니다.

벨파스트에는 당시 타이타닉을 건조했던 조선소 위치에 노란색 크레인이 지금도 남아 있습니다. 한때 세계 조선업의 중심이었던 벨파스트는 그 영광을 뒤로한 채 분쟁의 중심이 되었고 지금은 북아일랜드 수도지만 활력 없는 도시로서 그 명맥을 유지하고 있습니다.

다만 많은 사람이 이곳을 방문하면 영국의 찬란했던 그때 모습을 상상하며 타이타닉이 진수하던 그 모습을 그립니다. 그리고 우리는 더블린으로 향하겠습니다.

타이타닉 건조 당시 크레인

가이드 전리품

유럽 4개국 상품의 대부분은 영국이 첫 국가 아니면 마지막 국가입니다. 그 이유는 영국이 섬나라이기 때문인데 첫 국가로 들어와 런던을 보고 유로스타를 타고 파리로 넘어가거나, 역으로 파리에서 기차를 타고 런던으로 들어와 마지막 코스로 런던을 보고 다음 날 항공편으로 한국으로 들어가는 것이 보통입니다. 그 비율은 보통 반반 정도인데 런던이 마지막일 경우 관광객들의 가방은 들기조차 힘들 정도로 무거워집니다. 다니면서 이것저것 쇼핑한 것들이 잔뜩 들어가 있기 때문입니다.

예전엔 이탈리아에서 가죽제품을 잔뜩 사고 스위스에서는 시계를 사자니 너무 고가이고 독일에서 쌍둥이 칼은 모두 하나씩 사고 거기에 독일제 냄비를 세트로 샀습니다. 프랑스로 넘어가서는 화장품 하나씩을 다 샀고 영국에서는 버버리코트를 사는 것이 마치 하나의 유럽 여행 정석처럼 여겼을 때가 있었습니다. 그러다 보니 런던에 왔을 때는 가방의 무게라는 것이 처음 출발할 때의 두 배가 넘는 경우도 허다했습니다. 그것이 가능했던 것도 최근에는 공항에서 체크인이나 탑승권을 받을 때 모두 개인별로 진행합니다. 그러나 오래전에는 단체 체크인 카운터가 따로 운영되었기 때문에 함께 다녔던 모든 인원의 가방을 한꺼번에 보낼 수 있었습니다. 그리고 따로따로 무게를 재는 것도 아니었고 무리 없이 비행기에 실을 수가 있었습니다.

그렇다 보니 처음 유럽 여행을 다녔던 사람들에게 가장 신기한 것 중 하나가 욕실 문화였을 것입니다. 욕실 바닥에 배수구가 없어 샤워를 하면 샤워실 안에만, 욕조가 있으면 욕조에만 배수구가 있어 샤워커튼을 잘못 쳐서 물이 넘치고 닦아내고 하는 경험들이 있었을 것입니다. 또 하나는 칫솔과 치약 그리고 면도기가 없다는 것에 불만을 토로하는 경우도 있습니다. 여러 불편함을 경험하게 되는데 욕실의 수건은 모두 흰색이란 것에 신기해했습니다. 한국에서는 파란색도 있고 분홍색 수건도 있는데 유럽 호텔에 가보니 모든 호텔이 흰색의 두툼하고 크기가 훨씬 커서 담요 같은 수건을 쓰고 있는 것입니다. 그러다 보니 잠깐 수건 욕심에 호텔마다 다니면서 수건 하나씩 챙겨오다 보니 가방이 무거워지는 경우도 있었습니다. 한때 비행기 타고 내리면서 담요 하나씩 챙겨오던 시절이 있었듯이 말입니다.

호텔 아침식사를 할 때면 한국에서 오신 관광객들 중에서 특히 중년분들은 못 먹던 시절이 생각나서 그런지 뭘 자꾸 챙깁니다. 예를 들면 아침에 식당에서 빵과 베이컨, 소시지를 먹는데 보통 호텔이 뷔페식인데 접시에 한가득 담아와 다 먹질 못하고 남기는 경우가 다반사입니다. 그런데 그냥 일부 남기기만 하면 괜찮은데 다시 음식들 있는 데 가서 준비한 검정 비닐봉지에 이것저것 담아오는 사람들이 있었습니다. 거기엔 크루아상과 버터, 치즈 그리고 과일도 함께 섞여 있고 하루 종일 투어하면서 들고 다니다 공항에 도착해 가이드한테 건네주면서 "내가 아꼈다가 주려고 지금까지 가지고 다닌 거니까 가면서 먹어." 그럼 가이드는 감사하다며 받아 들고 집에 가면서 버릴 수밖에 없습니다.

관광객들이 한국에서 가져온 음식들을 마지막 지역을 떠나기 전에 가이드한테 넘겨주고 가는데 그 양이 생각보다 많을 때가 있습니다. 컵라면이야 10개 이상 될 때는 기본이고 뜻하지 않은 팩소주나 플라스틱병으로 된 소주를 몇 병에서 수십 병까지 받는 경우도 있습니다. 마지막 날 아침 호텔에서 출발할 때 건네주는 경우도 있지만 끝까지 가지고 있다가 공항에서 마지막 짐 정리를 하면서 건네주기도 합니다. 어떤 가이드는 팩소주를 120개까지 받아서 택시를 불러 집에 간 적도 있다고 합니다. 가이드들은 이것을 전리품이라고 부르는데 일을 마치고 양손에 한 보따리씩 전리품을 챙겨 집에 갈 때면 일하는 보람도 느끼고 당분간 식사를 해결할 수 있습니다. 여름 바쁜 철에 모아둔 전리품은 겨울을 넘길 때까지 요긴한 식량이기도 합니다.

Day 6 /

독립의 역사
- 아일랜드, 더블린

성 패트릭데이 모습

　아일랜드는 영국에 속하지 않으며, 우리는 이미 잉글랜드, 스코틀
랜드, 북아일랜드를 살펴본 후 이제 EU 회원국인 아일랜드공화국
으로 넘어갑니다. 아일랜드공화국의 수도 더블린은 아일랜드어로
'단단히 다진 땅의 도시'라는 뜻으로, 영어로는 'Dublin'이라고 하는
데, 이는 'Dubh linn'에서 유래하여 '검고 낮은 곳'이라는 뜻입니다.
더블린과 아일랜드를 제대로 이해하기 위해서는 아일랜드의 역사,
특히 북아일랜드와의 연관성을 포함한 보다 구체적인 역사적 배경
에 대한 이해가 필요합니다.

　아일랜드와 영국의 역사는 깊은 연관성을 가지고 있으며, 이는
800년에 걸친 영국의 실질적 지배 때문입니다. 이로 인해 아일랜드
인들은 영국인에 대해 부정적인 감정을 가지고 있었습니다. 비록 현
재는 각자 평화롭게 독립된 국가로 존재하지만, 아일랜드인들이 겪
은 오랜 억압과 차별은 상상을 초월합니다. 아일랜드의 고통스러운
역사는 684년 노섬브리아Northumbria의 에그프리스Egfrith 왕이 첫
번째로 아일랜드를 침공했을 때 시작되었지만, 이때는 큰 성과 없이
끝났습니다. 그러나 1169년, 영국을 점령한 노르만의 윌리엄William

the Conqueror 정복왕이 영국 왕으로 즉위한 후, 노르만 왕조의 펨브로크Pembroke 백작 리차드 드 클레어에 의해 아일랜드에 대한 침공이 이루어졌습니다. 바이킹들도 한때 아일랜드를 침공하여 더블린에 정착했으며, 아일랜드인들의 저항에도 불구하고 시간이 흐르며 바이킹들은 아일랜드인과 섞여 아일랜드 문화에 동화되었습니다. 더블린은 초기 바이킹족에 의해 건설된 항구였고 지금은 아일랜드의 수도이자 가장 큰 도시입니다.

잉글랜드 국왕 중 처음 아일랜드 땅을 밟은 왕은 헨리 2세입니다. 그는 네 명의 아들 중 유독 존John을 다른 아들과는 다르게 아꼈습니다. 왜냐면 존은 다른 형제들과 비교해 뛰어나지도 못했고 자기 앞길을 찾아갈 줄도 모르는 걱정거리였습니다. 이에 헨리 2세는 아일랜드는 자신이 침공해 그 땅을 차지한 후 존에게 물려줄 유산 정도로 생각했습니다. 사실 헨리 2세의 아일랜드 침공은 아일랜드 영주들이 그 빌미를 제공한 것도 있습니다. 당시 아일랜드는 소왕국들로 분열되어 귀족들끼리 영토와 권력다툼이 치열했습니다. 그중 아일랜드섬 동쪽 지역에 있던 렌스터Leinster라는 소왕국의 더모트 맥머로우Dermot MacMurrough 왕은 서부지역 코노트Conchobair의 왕 로리 오코너Rory O'Connor와 갈등을 빚다가 1166년 권좌에서 밀려납니다. 그는 잉글랜드 국왕 헨리 2세에게 왕위를 다시 찾아오기 위한 지원병을 요청하는데 이것이 800년 아일랜드가 잉글랜드로부터 지배받는 역사의 서막이었습니다.

헨리 2세는 아일랜드 토착 세력을 진압한다는 명분을 가지고 기사 500명, 중기병사 4천 명의 병력을 이끌고 아일랜드 워터포드

Waterford에 상륙합니다. 워터포드는 아일랜드섬의 동남쪽에 있는 해안입니다. 그에 앞서 1171년 헨리 2세는 교황 하드리아누스 Hadrianus 4세로부터 자신이 아일랜드의 영주임을 인정받는 칙서를 얻어내 아일랜드를 잉글랜드에 귀속시킨다는 명분으로 자신의 아들 존에게 아일랜드 군주 지위를 하사합니다. 후일 존이 잉글랜드 국왕이 되자 자연스럽게 아일랜드 군주 지위는 잉글랜드 국왕에 복속됩니다. 1175년 헨리 2세는 아일랜드의 상급왕인 오 콘코바르 Ruaidrí Ua Conchobair를 윈저성에 불러 조약을 하나 체결합니다. 바로 '윈저 조약'입니다. 내용은 더블린을 포함한 3개의 지역은 영국 영지로 인정하고 나머지는 현지 왕과 영주들이 통치하되 영국 국왕에 충성을 맹세하는 것과 사육되는 모든 소의 10마리당 1마리의 가죽을 공물로 영국 국왕에 바친다는 내용입니다. 조약 체결 이후 아일랜드에는 평화가 찾아오지 않았습니다. 끊임없는 아일랜드 켈트족 소왕국들의 반란과 크고 작은 전쟁에 시달려야 했습니다.

세월이 흐르면서 아일랜드를 지배하기 위해 넘어온 영국의 노르만인들은 점차 아일랜드인들과 결혼도 하고 그들의 옷을 입으며 심지어 아일랜드 언어인 게일어까지 쓰게 됩니다. 이에 잉글랜드에서는 급기야 1366년 '킬케니법 Statute of Kilkenny'을 제정해 앵글로-노르만인들은 영어를 사용해야 하고 아일랜드인과의 결혼을 금지하며 아일랜드 민속경기 활동도 제한한다는 내용이었습니다. 그러나 실질적으로 실행이 어려워 곧 사라지고 맙니다. 잉글랜드의 아일랜드 통치는 시간이 흐를수록 당면한 잉글랜드의 국내 사정으로 인해 영향력이 약화되어 갑니다. 이유는 1348년 흑사병으로 아일랜드에 거주하고 있던 앵글로-노르만인이 아일랜드인보다 큰 피해를 입었던 것입니다. 또한 장미전쟁1455~1486으로 인한 내전 때문에 군사력이 아일랜드까지 통솔하기엔 영국 내 사정이 여의치 않았습니다. 그러나 장미전쟁이 끝나고 영국에 튜더 왕조가 들어서면서 왕권이 정비되고 잉글랜드의 아일랜드 지배는 한층 더 견고해지게 됩니다. 바로 포이닝스 법Poynings' Law을 제정해 아일랜드 의회는 잉글랜드 국왕의 승인하에 열 수 있고, 잉글랜드에서 제정하는 모든 법은 아일랜드에서 자동으로 적용된다는 내용입니다. 이 법은 기존의 아일랜드 자치를 어느 정도 용인했던 것을 직접 통치하겠다는 의지가 반영된 법안으로 본격적인 아일랜드 지배를 공고히 하겠다는 의지를 나타낸 것입니다.

헨리 8세는 360년간의 아일랜드-노르만 시대를 접고 아일랜드에 개신교로 무장한 잉글랜드인들을 이주시키기 시작합니다. 이것은 헨리 8세를 이어 엘리자베스 1세와 제임스 1세까지 지속적으로 시행됩니다. 이로써 아일랜드에서는 성공회 신자가 아니면 공직에 진출이 금지되는 페널Panel 법을 선포하고 아일랜드에 성공회를 설립하게 됩니다. 이러한 역사는 올리버 크롬웰Oliver Cromwell에 와서 그 강도가 심해집니다. 잉글랜드 찰스 1세와 내전에 승리해 권좌에 오른 크롬웰은 개신교에 저항하는 아일랜드 가톨릭교도들을 잔인하게 제거합니다. 아일랜드 인구의 삼분의 일이 죽거나 추방당했고 그들의 재산을 몰수해 이주한 장로교회 정착민에게 나눠주고 토지까지 몰수당한 아일랜드 가톨릭 지주들은 자신의 땅에서 쫓겨나 강제 이주를 당하는 수모를 겪게 됩니다.

아일랜드 비극, 감자 대기근

   아일랜드는 독자적으로 무역 활동이 금지된 상태에서 생산된 곡물들은 잉글랜드에서 이주해 온 개신교도 지주들에게 빼앗기게 되며 식량부족에 시달리게 됩니다. 그러던 중 17세기 본래 남미가 원산지였던 감자가 잉글랜드를 통해 아일랜드까지 건너오면서 식량문제를 다소 해결하게 됩니다. 당시 감자는 다른 유럽에서는 관상용이나 가축의 사료로 사용할 뿐 사람이 먹는 음식으로 인정하지 않았습니다. 아일랜드인들은 그 감자를 주식으로 삼고 감자의 우수한 영양소 덕분에 인구 증가라는 결과를 낳습니다. 1800년대 들어 500만 명에서 800만 명까지 늘어났는데 1845년, 아일랜드 비극의 역사인 '감자 대기근'이 시작됩니다. 북아메리카 대륙에서 시작된 역병이 아일랜드까지 번져 7년간 이어진 기근으로 인해 100만 명이 죽

더블린 리피강

감자대기근

고, 100만 명의 사람들이 아일랜드를 떠나는 사태가 발생합니다. 당시 최고 820만 명까지 되었던 인구는 감자 대기근 이후 20세기 초반에는 440만 명까지 줄어들었습니다. 아일랜드인이 잉글랜드에 대한 반감을 품기 시작한 결정적 계기는 바로 감자 대기근 당시 잉글랜드의 태도였습니다. 오스만 제국에서 1만 파운드를 아일랜드에 지원하겠다고 밝혔으나 빅토리아 여왕은 그 선의를 거두게 하고 자신이 아일랜드에 내놓은 2천 파운드보다 적은 1천 파운드만 주라고 요구했습니다. 잉글랜드의 아일랜드 재앙에 대한 조치나 태도는 아일랜드인들의 악화된 감정을 돌이킬 수 없게 만들었습니다.

1801년 제정된 연합법으로 인해 영국은 잉글랜드, 스코틀랜드, 아일랜드를 '그레이트 브리튼'이란 하나의 연합왕국으로 결성해 국호가 '그레이트 브리튼과 아일랜드'로 개정하며 아일랜드는 영국과 같은 나라가 됩니다. 연합법의 제정으로 합병된 아일랜드는 그 대가로

다니엘 오코넬

가톨릭에 대한 차별을 철회하기로 약속했지만 조지 3세 국왕은 이를 파기하고 지키지 않습니다. 이에 반기를 들고 일어난 봉기가 시작되는데 그 시작은 가톨릭교도이자 법조인 다니엘 오코넬Daniel O'Connell에 의해서입니다.

그는 가톨릭교도에 대한 차별철폐를 주장하는 운동을 전개한 인물입니다. 프랑스에서 유학하는 동안 혁명의 과정을 지켜보며 폭력에 대한 부정적인 생각을 갖고 있었던 그는 본국으로 돌아와 변호사로서 아일랜드 정치에 가담해 가톨릭 해방운동을 시작합니다. 그리고 1828년 클레어Clare주 하원의원에 출마해 당선되는 성과를 얻어냅니다. 당시 모든 의원은 영국 국왕에 대한 선서를 했으나 그는 당당히 선서를 거부합니다. 그의 행동의 결과 선거에선 당선되었지만 잉글랜드에 의해 의석을 받지 못하게 됩니다. 이러한 일련의 잉글랜드 정부의 결정에 아일랜드 가톨릭교도들의 대규모 반발이 꿈틀거립니다. 이것을 우려한 당시 수상은 국왕 조지 4세와 의회를 설득해 1929년 '가톨릭 해방법Roman Catholic Relief'을 의회에서 통과시킵니다. 이후 재선거가 이뤄지고 다니엘 오코넬은 하원의원이 됩니다. 그러나 일련의 과정에서 불만을 품은 가톨릭교도들 중심으로 대규모 집회가 전국적으로 일어납니다. 그는 단숨에 아일랜드의 독립지도자로 추앙받았고 그는 끝까지 평화적인 방법으로 잉글랜드로부터 독립을 할 수 있다고 믿었습니다. 그러나 그의 뜻대로 독립에 대한 염원은 현실적이지 않았고 다니엘 오코넬마저 국가 내란음모 협의로 3개월간 감옥에 갇혀있다가 석방 후 3년 만에 사망합니다.

지금도 다니엘 오코넬은 아일랜드 독립의 가장 추앙받는 영웅입니다. 더블린 중심 거리의 이름은 오코넬 거리O'Connell Street이며 그 길을 들어서기 위해 리피강River Liffey에 연결된 다리는 오코넬 브릿지입니다. 그 거리 중간에 120m 높이의 스파이어Spire가 세워져 있습니다. 영국인 건축가 이안 리치Ian Ritchie가 설계한 첨탑인데 그

스파이어

자리에 본래 잉글랜드 트라팔가 해전의 영웅 넬슨 제독 기념비가 있었으나 그 기념비를 폭파해 버리고 2003년 아일랜드의 국내총생산이 영국을 앞서간 기념으로 세운 것입니다. 오코넬 사망 후 아일랜드인들은 평화적인 독립에 대한 기대를 접고 스스로 무장하여 잉글랜드와 맞서기 시작합니다.

1858년 제임스 스테판스James Stephens와 존 오마호니John O'Mahony를 중심으로 비밀결사대를 결성합니다. 결사대 이름은 아일랜드 전설 영웅 피어나Fianna로 썼으며 그 무장결사대는 '아일랜드 공화단IRB: The Irish Republican Brotherhood'으로 발전하고 나중에 우리가 익

숙하게 들었던 '아일랜드 공화군IRA: The Irish Republican Army'이 됩니다. 이때 또 한 명의 독립 영웅이 나타나는데 찰스 파넬Charles Stewart Parnell입니다. 그는 가톨릭교도가 아닌 신교도 지주의 아들이었던 그는 1875년 하원의원에 당선되어 영국의회에 진출한 인물입니다. 그는 신당을 창당해 자신이 당대표가 되고 잉글랜드에 아일랜드 자치를 요구합니다. 그즈음인 1879년 아일랜드에서는 다시금 감자 흉년이 들어 잉글랜드 지주들은 소작인들을 쫓아내는 사태가 발생합니다. 파넬은 토지연맹과 손잡고 소작료의 인하와 노동조건 개선을 요구하며 전국적인 시위를 주도합니다. 그러면서 토지연맹과 함께 보이콧 운동boycotting을 시작합니다. 당시 토지 대리인 찰스 보이콧Charles Boycott이 관할하는 농장의 추수를 거부하는 것을 시작으로 토지연맹의 요구를 따르지 않는 지주와 대리인을 보이콧하도록 선동했습니다. 이 보이콧 운동은 결국 전쟁까지 일으켰으며 1881년 잉글랜드 의회는 토지법을 제정해 소작인들의 지위를 향상시켜 줍니다.

이러한 아일랜드의 독립에 대한 열망은 독립전쟁의 발단이 되어 1916년부터 1922년까지 이어지며 결국 1922년 아일랜드 26개 주가 잉글랜드로부터 독립해 '아일랜드공화국'이 수립됩니다. 마침내 아일랜드는 스스로 독립된 국가를 수립해 800년가량의 역사에 종지부를 찍게 됩니다. 영국인들은 아일랜드인들을 가리켜 "게으르고 음흉하며 술에 취해 사는 흰털 원숭이"라고 무시했지만 지금은 영국을 이미 능가하는 경제대국이 되었습니다. 아일랜드인들의 영국에 대한 증오와 불편함은 경찰Police 표기하는 모습에서 충분히 이해할 수 있습니다. 전 세계가 자국의 언어가 있지만 어딘가에 경찰을 표시하는 표시로 영어 'Police'를 표기합니다. 그러나 아일랜드만은 지금도 경찰을 'GARDA'로 씁니다. 그만큼 잉글랜드에 대한 잉글랜드 경찰에 대한 반감이 높다는 것입니다. 마치 우리가 일본 순사 같은 느낌을 그들도 가지고 있습니다. 따라서 지금도 자국의 언어로 경찰 표기를 하고 있는 것입니다.

• • •
걸리버 여행기와 성 패트릭

아일랜드의 가장 큰 축제는 매년 3월 17일에 개최되는 '성 패트릭스 데이St. Patrick's Day' 입니다. 지구 어디서든지 아일랜드 사람이 한 사람이라도 살고 있는  곳이라면 똑같이 성 패트릭 모자를 쓰고 초록색 옷을 입고 퍼레이드를 하는 장면을 볼 수 있을 것입니다. 만약 한 국가에 아일랜드 사람이 단 한 명이라면 혼자서라도 그 복장을 하고 있을 것이라고 합니다. 성 패트릭은 4세기 말 로마제국이 영국을 지배하고 있던 시대 웨일즈 서쪽 지역에서 태어났습니다. 16세 때 해적에 의해 아일랜드로 끌려가 6년간 노예처럼 살았다고 합니다. 그러다 금식기도를 하던 중, 신의 계시를 받습니다. 이후 갈리아 지방에서 공부하고 수도원 수사가 되고 시간이 흘러 고향으로 돌아온 그는 아일랜드에서 선교를 시작합니다. 그는 타고난 타협과 외교적 능력을 발휘해 기독교를 전파합니다. 그가 선교활동을 할 때 항상 토끼풀을 이용했던 것이 현재 아일랜드 상징인 삼위일체를 뜻하는 성부와 성자와 성신의 세잎클로버Shamrock가 된 것입니다. 성 패트릭의 전도 덕분에 아일랜드는 기독교를 받아들이게 됩니다. 그의 전도 이후 아일랜드에 365개의 교회가 설립되고 12만 명 이상이 기독교를 믿게 됩니다. 또한 그가 이교 신앙의 상징이었던 뱀을 모두 쫓아냈다고 합니다. 그래서 지금도 아일랜드에는 뱀이 없다고 합니다. 정말 뱀이 없는지는 알 수 없습니다. 어쨌든 성 패트릭은 461년 3월 17일에 영면하고 아일랜드의 수호성인이 됐습니다.

지금도 아일랜드 더블린의 상징과도 같은 교회가 바로 '성 패트릭 성당St. Patrick's Cathedral'입니다. 1191년에 세워졌고 43m의 첨탑이 설치된 이 교회는 성 패트릭이 사용한 것으로 추정되는 우물이 있던 자리라고 합니다. 초기에 목조교회로 지어진 것을 잉글랜드 브리스톨Bristol 지방에서 가져온 석회암으로 다시 지었다고 합니다. 700년 동안 수차례 진화한 교회로서 1270년 레이디 예배당이 추가되었고, 1362년에는 화재로 인한 교회 일부가 손실되기도 했습니다. 1370년 본당과 타워에 대한 수리를 미놋Minot 대주교의 지시로 시작해 현재도 '미놋의 탑'으로 불리고 있습니다.

성 패트릭 성당은 잉글랜드의 종교개혁으로 인해 성공회 성당으로 변모해 지금까지 성공회 성당으로 남아 있습니다. 내부에 존재하던 많은 조각들은 창고로 옮겨지고 에드워드 6세 때에는 대성당에

성 패트릭 성당

서 축소되어 교구 교회로 그 지휘가 강등된 적도 있었습니다. 그러나 1555년 메리 여왕에 의해 다시 대성당으로 복원되었고 많은 부분이 수리되어 현재의 모습을 갖추게 됐습니다. 1560년에는 시계탑이 추가되고 1700년에는 현재의 첨탑이 건설됐습니다. 19세기에 이르러 성당은 또 한 번의 심각한 건물 손상을 입습니다. 건물은 오래되었고 안전에도 문제가 발생해 교회로서 역할을 하기는 어려움이 있었습니다. 이때 벤자민 리 기네스Benjamin Lee Guinness가 거금을 기부함으로써 전체 복원 기금을 확보하게 됩니다. 그는 거금을 기부하는 조건을 하나 걸었는데 그것은 교회의 건물복원에 관하여 이사회에서 어떠한 간섭도 하지 않는 것을 조건으로 내세웠습니다.

앞서 언급했듯이 성 패트릭 대성당은 우물이 있었던 자리라고 했는데 바로 그 우물의 물로 세례를 주었을 것이란 추측을 합니다. 우물이 있었다는 증거는 1901년 대성당 옆 부지에 건축공사를 하다 발견된 석판입니다. 이 석판은 현재도 교회 내부에 전시되어 있는데 우물을 덮고 있었던 돌이라고 합니다. 교회 안에 전시된 여러 조각들과 어울리지 않는 부서진 나무 문이 하나 전시된 것을 볼 수 있는

데 '화해의 문'이라고 하는 오래된 부서진 문입니다. 그 문 밑에는 "to chance your arm"이라고 적혀 있습니다.

1492년 아일랜드의 두 가문 '버틀러Butler'와 '피츠제럴드FitzGerald' 가문 간에 불화가 시작되어 끝내는 가문 간의 무력 싸움으로 번지게 됐습니다. 이 전투는 점점 악화되어 버틀러 가문의 부부는 성 패트릭 대성당의 챕터 하우스로 피신하게 됩니다. 피츠제럴드 부부는 싸움을 멈추고자 대성당까지 들어와 피신한 부부에게 화해를 요청합니다. 그러나 주변 집사들은 만약 문을 열고 나오면 살해당할 수 있다고 경고하며 절대 문을 열면 안 된다고 충고합니다. 그러나 피츠제럴드는 도끼를 가져와 문의 중앙을 부숴 작은 구멍을 만들고 적극적인 화해를 요청하는 행동으로 손을 구멍 안으로 넣습니다. 결국 버틀러 가문도 그 손을 잡고 극적인 화해를 하게 됩니다. 당시의 그 문은 지금도 성당 안에 남아 있고 바로 용기 있는 두 가문의 행동을 상징하는 '화해의 문'으로 전시되어 있습니다.

여러분도 부부가 싸우면 방에 들어가 문을 걸어 잠그고 대화를 단절할 것입니다. 그럴 때 남편은 문고리를 잡고 문을 열어 달라고 말하겠죠? 이젠 그러지 마시고 피츠제럴드처럼 적극적으로 화해를 시도하십시오. 혹시 도끼가 집에 있다면 한번 써보시는 것은 어떤지요. 물론 집에 도끼가 없어서 어렵겠지만, 하여간 세인트 패트릭 교회에 들어가시면 꼭 화해의 문을 보시고 나오십시오. 그리고 교회 들어가기 전에 교회 옆 작은 뜰에 벤자민 리 기네스 동상도 있습니다. 바로 그가 기부금을 내서 현재 교회의 모습을 우리가 볼 수 있는 것입니다.

교회 내부 서쪽 입구 좌측에는 벽면 가득 조각상이 장식된 것을 볼 수 있습니다. 이 조각은 '보일 가족의 기념비'입니다. 보일은 아일랜드 재무장관을 했던 리차드 보일Richard Boyle이 아내와 자기 가족을 위해 1632년에 제작한 것입니다. 가장 위쪽의 조각이 바로 리차드 보일과 아내 캐서린 펜턴 보일Catherine Fenton Boyle이고 그 밑에 누워있는 조각은 아일랜드 총리를 역임했으며 성 패트릭 대성당의 주임사제까지 했던 로버트 웨스턴Robert Weston입니다. 그 아래는 캐서린 펜턴 보일의 아버지며 아일랜드 작가 제프리 펜턴Geoffrey Fenton과 그의 아내 앨리스 펜턴Alice Fentom이 무릎을 꿇고 마주하고 있습니다. 이어서 아래에는 리차드 보일과 아내 캐서린 펜턴 보일이 관 위에 누워있는 모습을 하고 있으며 옆쪽에는 자녀들이 그 모습을 보고 있습니다. 맨 아래에는 바로 유명한 로버트 보일Robert Boyle의 모습을 볼 수 있습니다. 바로 제1대 코크 백작이었던 리차드 보일의 14번째 아들입니다.

성 패트릭 성당 내부

아일랜드 태생인 그는 8살에 어머니 캐서린 보일이 사망하고 잉글랜드로 보내져 이스트 스쿨East School에서 공부하고 2년간을 제네바에서 보낸 뒤 피렌체를 거쳐 다시 잉글랜드로 돌아옵니다. 옥스퍼드 유니버시티 칼리지University College를 졸업한 그는 1662년 온도가 같으면 기체의 체적은 압력에 반비례한다는 '보일의 법칙'을 발표합니다. 또한 소리는 공기가 없으면 전달되지 않는다는 것도 발견한 위대한 화학자며 물리학자입니다. 뉴턴 그리고 후크와 함께 왕립학회를 만든 장본인입니다. 그는 리트머스 이끼에서 추출한 용액에 종이를 담갔다 말리면 그 종이는 산과 염기로 인해 색이 변한다는 것을 발견하고 '리트머스 시험지'를 만든 사람이기도 합니다. 참 영국 사람들은 신기한 것들을 많이도 발견하고 발명하는 것 같습니다.

교회 내부에는 세계적으로 유명한 작가의 조각과 무덤이 있습니다. 묘비 중 하나에 이런 글귀가 적혀 있습니다. "여기에 본 교회 수석사제였으며 신학박사 조나단 스위프트Jonathan Swift의 유해가 잠들다. 분노도 이제는 그 심장을 찢는 일이 없노라. 나그네여, 가서 가능하다면 자유를 위해 끝까지 싸운 이 사람을 본받을지어다." 바로 《걸리버 여행기》의 작가 조나단 스위프트입니다. 자신의 제자이자 사랑하는 연인 스텔라Stella 곁에 묻혀 있습니다. 아일랜드 더블린 출신인 그는 아일랜드에서 가장 오래된 대학 트리니티 칼리지 Trinity College에서 수학했으며 소설가이자 성공회 성직자였습니다. 바로 성 패트릭 대성당의 사제로 있었던 것입니다. 한때 잉글랜드의 정치가 윌리엄 템플Wiliam Temple 경의 비서로도 일했으며 정계로 진출을 시도하기도 했지만 실패하고 정치 평론가로 활동했습니다.

그러나 결국 모든 잉글랜드에서의 생활을 접고 다시 낙향해 30여 년간 이곳에서 수석사제로 근무하다 노년에 정신장애까지 겪으며 고생을 합니다. 그리고 그는 1745년에 생을 마감합니다. 그가 1726년에 완성한 《걸리버 여행기》는 그의 대표소설입니다. 세계적으로 동화로 각색되어 읽히고 있지만 원작은 분명 풍자소설입니다. 3부까지 책으로 엮

조나단 스위프트

여서 출판됐지만 원작 소설은 4부작입니다. 4부는 말의 나라입니다. 하늘을 나는 섬을 여행한 걸리버가 그다음 도착한 곳이 바로 야후 Yahoo 라는 저주받은 말이 사는 세상입니다. 야후는 더럽고 냄새 나며 기형적으로 생긴 동물인데 식욕과 탐욕, 게으르고 야비하며 잔인한 붉은 털을 가진 생명체입니다. 또한 여기에 등장하는 후이넘 Houyhnhnm은 야후와 반대로 덕을 지니고 태어난 이성적이고 미덕을 가지고 있습니다. 야후가 악을 상징한다면 후이넘은 선을 상징한다고 보면 됩니다. 신성모독 등 여러 가지 이유 때문에 4부는 많은 국가에서 출판할 때 삭제되기도 했답니다.

마지막으로 성 패트릭 대성당의 합창단은 더블린의 크라이스트처치의 합창단과 합동으로 세계 최초 헨델의 메시아 초연을 연주했습니다. 메시아를 초연한 장소는 더블린 피셤블 거리 Fishamble Street 에 있는 '그레이트 뮤직홀'입니다. 연말 크리스마스 시즌이 되면 세계 여러 곳에서 메시아를 공연하는 것이 전통처럼 자리 잡았습니다. 그

러나 헨델은 이 음악을 크리스마스 시즌에 맞춰 작곡한 것은 아니었습니다. 메시아의 초연은 1742년 4월 13일, 기독교 사순절 기간에 이뤄졌습니다.

그럼 런던이 아닌 왜 더블린에서 초연을 했을까요? 당시 아일랜드 총독이었던 데본 셔 공작Duke of Devonshire이 그에게 더블린 초청 공연을 제안해 그 제안을 받아들인 헨델이 더블린으로 가서 9개월 가량 머물며 작곡한 것 중의 하나가 바로 '메시아'입니다. 메시아는 오라토리오입니다. 영어로 만들어진 곡이고 이해하기 쉽고 또한 장엄합니다. 작사는 헨델의 친구이자 함께 작업한 적이 있었던 신학자였던 찰스 제넨스Charles Jennens가 성경에서 발췌한 것들을 썼습니다. 헨델은 스스로 곡을 쓸 때 예수의 고난을 예고하는 장면에서 눈물을 흘리기도 했다고 합니다. 더블린 초연 당시 엄청난 관객으로 인해 공연 전 공시 사항으로 여자들은 치마를 펑퍼짐하게 보이기 위해 안에 버팀살이 들어가는 파니에를 착용하지 말고 남자는 될 수 있으면 칼을 차지 말도록 당부했을 정도로 반응이 무척 엄청났다고 합니다. 공연이 끝나고 4일 후인 4월 17일 더블린 언론에는 메시아에 대한 극찬의 평들이 줄줄이 실렸을 정도로 그 반응은 당시 대단했다고 합니다.

메시아는 지금도 미켈란젤로의 천지창조에 버금가는 웅장한 스케일과 구도로 환희의 눈물을 흘리게 하는 벅찬 곡이라고 사람들은 말합니다. 헨델은 메시아를 작곡하는데 단 24일 만에 완성합니다. 그 24일 동안 그는 잠도 제대로 자지 않고 먹는 것도 잊은 채 작곡에만 몰두해 어마어마한 대작을 완성합니다. 초연 이후 런던으로 건너가 공연할 당시 국왕 조지 2세는 메시아 2부의 그리스도의 수난과 속죄를 노래하는 부분 중 '할렐루야'가 울려 퍼지자 자신도 모르게 벌떡 일어났다고 합니다. 그 이후 어느 나라에서든 메시아가 공연이 끝나면 모든 사람이 일어나 박수를 치는 풍습이 있다고 합니다.

1685년 독일 작센지방에서 태어난 헨델은 어려서부터 음악적 재능이 뛰어났습니다. 아버지 뜻에 따라 법학을 전공했지만, 한순간도 음악 공부를 놓지 않았습니다. 1703년 함부르크로 가서 오페라 작곡가로서 발표한 〈알미라〉가 성공하며 음악의 길을 본격적으로 걷습니다. 1710년 하노버 궁정 음악감독이 되었으나 1726년 영국으로 귀화해 활동하다 1759년 4월 14일 세상을 떠나고 런던 웨스트민스터 사원에 지금도 잠들어 있습니다.

독립의 역사 – 아일랜드, 더블린

위대한 문학의 도시 더블린

아일랜드 출신 위대한 문학가는 손으로 꼽을 수 없을 정도로 많습니다. 오스카 와일드Oscar Wilde, 사뮈엘 베케트Samuel Beckett, 제임스 조이스James Joyce, 조나단 스위프트Jonathan Swift, 브람 스토커Bram Stoker 등등. 바로 아일랜드 문학을 이끌어 온 사람들입니다. 많은 아일랜드 출신 문학가 중에 노벨문학상을 받은 사람은 윌리엄 예이츠Willian B. Yeats, 조지 버나드 쇼George Bernard Shaw, 사뮈엘 베케트Samuel Becket, 셰이머스 히니Seamus Heaney가 있습니다.

먼저 "우물쭈물 살다 내 이렇게 끝날 줄 알았지."라는 묘비명으로 유명한 버나드 쇼는 희곡작가입니다. 〈인간과 초인〉1903이 대표작이며 〈성녀 조앤〉1924과 영화 〈마이페어 레이디〉의 배경이 된 〈피그말리온〉으로 유명합니다. 예이츠는 아일랜드인으로서 최초로 1923년 노벨상을 받았습니다. 아일랜드 독립운동에도 기여한 그는 사실 유년 시절을 런던에서 보냈습니다. 후일 고등학교부터 다시 더블린으로 돌아와 대학 교육까지 마쳤습니다. 그리고 마지막은 프랑스에서 보냅니다. 그의 묘에는 이렇게 적혀 있습니다. "삶과 죽음을 냉정히 바라보라, 그리고 지나가라!"

사뮈엘 베케트는 누가 뭐래도 대표작은 〈고도를 기다리며〉입니다. 더블린에서 태어난 그는 트리니티 대학을 졸업하고 프랑스로 건너갑니다. 거기서 영어 강사로 활동하다 1938년 제임스 조이스와 마르셀 프루스트Marcel Proust의 영향을 받아 소설을 쓰기 시작합니다.

하프페니 브릿지

그가 쓴 소설은 《몰로이》, 《말론 죽다》, 《명명하기 힘든 것》이 대표 3부작으로 알려져 있습니다. 그 외에도 《승부의 끝》, 《마지막 테이프》, 《행복한 나날》이 있는데 《마지막 테이프》는 〈크라프의 마지막 테이프〉로 연극무대에 많이 올라가는 작품입니다. 특히 세계적인 포스트모더니즘 연출가이며 배우로도 활동하는 로버트 윌슨Robert Wilson이 자신이 직접 연출하고 출연한 작품으로 한국에서도 공연한 적이 있습니다. 큰 의미는 아니지만 윌슨은 공연을 하기 전 분장실의 온도를 18도에 맞춰줘야 합니다. 그 정도 온도면 정말 추워서 들어갈 수가 없을 정도인데 아마도 워낙 땀을 많이 흘려서 그런 것 같습니다. 어쨌든 위대한 예술가로서 자신이 연출, 의상 및 무대디자인, 조명디자인까지 하고 마지막 그 무대에 자신이 올라가 연기까지 하는 독일의 아힘 프라이어Achim Freyer와 더불어 세계적인 포스트모더니즘 무대예술가입니다. 《고도를 기다리며》는 베케트가 처음엔 모국어가 아닌 프랑스어로 쓴 작품이었고 프랑스에서 발표한 작품입니다. 부조리극의 대명사처럼 되어버린 이 작품은 2막으로 구성되어 있으며 한국에서도 여러 번 무대에 올렸던 작품입니다. 극 중 나무 아래서 블라디미르Vladimir와 에스트라공Estragon은 어떤 무언가를 하염없이 기다립니다. 여기서 고도Godot는 극을 보는 사람마다 다르게 해석될 수 있습니다. 베케트는 작품에서 말하는 그것이 무엇인지 정확한 해석을 거부합니다. 일부러 불분명하게 표현한 것입니다. 모든 사람은 각자의 고도를 기다리고 있는지도 모릅니다. 그 또한 예이츠와 같이 파리에서 생을 마감했습니다.

셰이머스 히니는 《어느 자연주의자의 죽음》으로 큰 사랑을 받았습니다. 그리고 그 작품을 통해 1996년 노벨문학상을 수상합니다. 1939년 북아일랜드 태생인 그는 대부분의 삶을 더블린에서 보냅니다. 시인이며 극작가인 그는 번역가이기도 했습니다. 그가 번역한 시집 《베오울프》는 새로운 밀레니엄이 시작하는 2000년대 초에 베스트셀러 목록에 오르는 기이한 일이 있었습니다. 1000년 전에 쓴 영어로 된 가장 오래된 영웅서사시를 노벨상 수상자였던 그가 현대 영어로 번역해 출판한 것입니다. 스웨덴 왕자 베오울프는 덴마크에서 12년간 괴물 그렌델에게 사람을 제물로 바치는 것에 괴로워하는 왕에게 자신이 그 괴물과 싸워 이기겠노라 장담합니다. 결국 그렌델은 베오울프와 전투에서 자신의 팔을 자르고 도망가는 수모를 겪습니다. 이에 분노한 그렌델의 엄마가 아들에 대한 복수를 위해 세상에 내려와 사람들을 죽이자 베오울프는 괴물의 동굴에 들어가 피 튀기는 전투 끝에 어미 괴물을 죽이고 그렌델의 머리까지 잘라 옵니다. 그 후 오랜 시간 평화롭게 나라를 다스린다는 스웨덴의 왕에 관한 이야기입니다. 그렇게 평화가 이어지던 어느 날 불을 뿜는 용이 나타나 나라를 불바다로 만들어 버립니다. 베오울프는 나이가 들어 기운도 없었지만 끝까지 싸워 용을 물리칩니다. 그러나 그는 얼마 지나지 않아 죽습니다. 그가 죽고 나서 백성들은 그에 대한 고마

움의 표현으로 성대한 장례식을 치러줍니다. 그렇게 이야기는 끝납니다. 히니의 시집이 특이한 것은 그동안 여러 번역가에 의해 65번이나 출판되었는데 유난히 히니가 출판한 책이 그 전의 어떤 책보다 인기가 있었던 것입니다. 그 이유는 여러 평론가들이 말하기를 영국의 지배를 받았던 아일랜드 시인이 서문에서 "나의 번역은 잉글랜드가 아닌 아일랜드 사람의 목소리로 이루어진 것"이라고 썼기 때문이라고 말합니다.

노벨상은 받지 못했지만 현대문학의 시작을 알리는 작품《율리시스》를 쓴 제임스 조이스는 아일랜드 국민들의 자부심이자 세계적으로 위대한 문학가 중의 한 사람입니다. 신문사 광고 판매원 레오폴드 블룸이 주인공인 이 소설은 그가 겪는 하루의 18시간을 배경으로 정말 난해한 책입니다.《율리시스》를 다 읽은 사람보다 그 책으로 박사학위를 받은 사람의 숫자가 더 많다고 할 정도로 어렵고 지루한 책입니다. 지금도 아일랜드에서는 블룸스데이Bloomsday를 기념해 6월 16일 소설 속 날짜에 많은 행사가 열립니다. 오디세우스Odysseus의 라틴어인 '율리시스Ulysses'는 《더블린 사람들》,《젊은 예술가의 초상》과 함께 제임스 조이스의 더블린 3부작이라고 합니다.《율리

제임스 조이스

시스》가 발표되고 영미권의 많은 교수들이 이 책과 씨름하느라 인생을 소비한 사람들이 꾀나 많다고 합니다. 출판 당시 외설 논란에도 휩싸였던 작품으로 재판에 기소되어 미국에서는 출판이 금지되었고 추후 랜덤하우스란 출판사가 제기한 소송을 통해 해금되었습니다. 그 과정도 유난히 재미있습니다. 유럽에서 《율리시스》 한 권을 몰래 들고 미국으로 들어오다가 세관이 자연스럽게 적발하게 되고 그 책을 돌려받기 위한 소송을 시작해 결국 이 책은 외설이 아니고 외설 혐의도 있을 수 없다는 판결을 받아낸 것입니다. 사실 그동안 미국으로 밀반입되던 《율리시스》는 무수히 많았다고 합니다. 그 물량이 너무 많아서 세관조차 눈감아 주고 책을 반입시켜 줬는데 랜덤하우스 직원은 오히려 압수해 달라고 사정하는 황당한 상황이 발생했었다고 합니다.

아일랜드는 한반도의 3분의 1에 해당하는 면적이지만 2022년 1인당 GDP가 10만 2천 달러로서 한국의 3배 영국의 2배에 해당합니다. 전체 인구는 505만 명입니다. 어떻게 이렇게 잘 사는 나라가 되었을까요? 요즘 아일랜드는 '켈틱 타이거'란 별칭이 생겼습니다. 이 나라가 실제로 800년 가까이 잉글랜드로부터 지배받았고 특별한 산업도 없었던 국가입니다. 대부분 농경지고 그나마 영국 치하의 소작농들이 살던 국가입니다. 감자기근 때 고향을 뒤로하고 새로운 땅을 찾아가야 했던 민족, 미국에 4번째로 많은 민족이 아일랜드 민족입니다. 전체 미국인의 10.6%가 아일랜드계 국민입니다. 거기다 역대 미국 대통령 중 아일랜드인을 조상으로 뒀거나 부계든 모계든 아일랜드계 대통령이 상당수 있습니다. 조 바이든은 아일랜드계 미국인이고 역대 대통령 중에서 단 둘뿐인 가톨릭 신자입니다. 또 한 명의 가톨릭 신자였던 대통령은 존 F. 케네디입니다. 버락 오바마는 모계가 아일랜드계이고 부시 대통령 부자도 클린턴과 레이건, 지미 카터 대통령을 비롯해 모두 23명의 미국 대통령이 아일랜드계 사람입니다. 아일랜드인들은 자신들의 후손을 이렇게 많이 미국 대통령으로 만든 것입니다.

• • •

트리니티 칼리지

트리니티 칼리지Trinity College는 1592년 엘리자베스 1세의 지시로 성부, 성자, 성령의 삼위일체를 기반으로 설립된 아일랜드 최초의 대학입니다. 이 대학은 유럽 대학 순위 상위 10위 안에 자리 잡고 있

트리니티 칼리지 캠퍼스

올드 라이브러리

으며, 수학과 문학 분야에서 각각 세계 대학 순위 15위와 14위에 올라 더블린의 자랑입니다. 트리니티 칼리지는 더블린 유니버시티와 동일한 개념으로, 더블린 유니버시티 내 유일한 칼리지입니다. 이 대학은 설립 이래 종교적 색채가 강하며, 성공회를 기반으로 하여 초기에는 가톨릭 신자의 입학이 제한되었습니다. 하지만 1873년 아일랜드 가톨릭 차별법 폐지 이후, 가톨릭계 아일랜드인들도 입학할 수 있게 되었습니다. 현재 트리니티 칼리지에는 약 18,000명의 학생이 재학 중이며, 그중 28%는 해외에서 온 유학생들입니다.

　트리니티 칼리지 더블린의 가장 유명한 장소는 도서관이며, 특히 도서관에 전시된 《켈스의 서The Book of Kells》를 보기 위해 전 세계에서 매년 약 50만 명의 관광객이 이 대학을 방문합니다. 《켈스의 서》는 세계에서 가장 아름다운 책 중 하나로 평가받으며, 유네스코 세계문화유산에도 등재되어 있습니다. 이 책은 서기 800년경에 제작된 것으로 추정되며, 라틴어로 작성된 복음서로 네 개의 복음이 기록된 필사본입니다. 화려한 장식으로 모든 페이지가 꾸며져 있으며, 기독교와 켈트 문화의 전통이 680페이지에 걸쳐 표현되어 있습니다.

《켈스의 서》를 관람한 뒤, 방문객들은 자연스럽게 계단을 통해 2층으로 올라가게 되며, 오른쪽으로는 길이 65m에 달하는 올드 라이브러리 내의 '롱 룸Long Room'이 웅장하게 펼쳐져 있습니다. 모든 책이 양장본으로 만들어져 있는 고서들로서 무려 20만 권이 꽂혀 있습니다. 본래 천장이 아치 형태가 아니었는데 1860년 현재의 아치 형태로 바뀌 그 웅장함과 건축적 미학이 돋보이는 도서관입니다. 롱 룸 안에는 양쪽에 대리석으로 조각된 흉상들이 진열되어 있습니다. 서구 철학자 및 문학가들의 흉상들입니다. 캠퍼스는 옥스퍼드나 케임브리지에 버금가는 아름다운 건축양식을 자랑합니다. 재미있는 것은 캠퍼스 내에 있는 종탑에 종이 울릴 때 지나가면 시험에 통과하지 못한다고 합니다. 학생들은 종이 칠 때 절대 그 아래를 지나가지 않습니다.

독립의 역사 – 아일랜드, 더블린

세상에서 가장 맛있는 흑맥주, 기네스

아일랜드 더블린 투어의 하이라이트라고 하면 대부분의 사람들은 기네스 맥주 공장을 손꼽을 것입니다. 세계에서 기네스Guinness 맥주가 가장 맛있는 곳은 바로 더블린의 기네스 본사에서 시음하는 맥주라고 모두들 입을 모읍니다. 기네스 맥주 공장은 시내에 위치해 있고 마치 기네스 왕국을 보는 듯한 느낌을 받으실 것입니다.

기네스 맥주는 현재 60개국에 양조장을 가지고 있고 120개국에서 판매되고 있는 세계에서 가장 유명한 흑맥주입니다. 매년 8억 5,000만 리터, 이것은 하루 1,000만 잔이 팔리는 양입니다. 전 세계인들이 사랑하는 알코올 4.2%의 흑맥주입니다.

더블린의 세인트 제임스 게이트 양조장 기네스 스토어 하우스에 들어서면 가장 먼저 관람객들의 눈을 사로잡는 것이 투어코스 시작점 바닥에 있는 동그란 유리판입니다. 그 안에는 오래된 종이 한 장이 전시되어 있습니다. 바로 기네스 맥주 공장 부지와 건물을 임대하기 위해 더블린 시청과 계약한 계약서입니다. 계약서는 9,000년 임대라고 쓰여 있습니다. 90년도, 900년도 아닌, 9,000년 계약이 가능한 일일까요? 예, 계약서에는 분명 9,000년으로 되어 있습니다. 그 사연은 여러 설들이 있는데, 그중 하나는 기네스 맥주의 설립자 아서 기네스Arthur Guinness가 더블린에 공장 부지를 물색하던 중 폐쇄된 공장 부지를 하나 발견하고 1759년 시와 임대차 계약을 진행합니다. 시청 공무원은 라틴어로 작성된 계약서를 위조했는데 실수

로 9,000년으로 기재했다고 합니다. 라틴어를 몰랐던 아서 기네스는 아무 의심 없이 계약서에 서명을 합니다. 금액은 연간 45파운드, 환율에 따라 달라지겠지만 최근 환율로는 7만 4천 원가량입니다. 물론 이미 이 부지는 기네스 회사가 모두 매입해 현재는 기네스 소유로 되어 있지만 오랜 기간 기네스는 이 땅을 연간 7만 4천 원에 쓰고 있었던 것입니다. 역시 운이 좋았던 아서 기네스는 나중에 이 계약서가 잘못됐다는 것을 알게 되었고 시에서는 다시 계약하자고 했지만 기네스는 당연히 이를 거절했습니다.

기네스 맥주를 우리는 스타우트Stout 맥주라고 합니다. 스타우트는 형용사로서 '자랑스러운', '용감한'의 뜻으로 사용되는 단어이지만 14세기 이후에는 '강하다'는 뜻으로 더 많이 사용하고 있었습니다. 특히 맥주에 쓰는 스타우트는 도수가 일반 맥주보다 높은 알코올을 함유하고 있으며 '포터Porter'와 구별되기도 합

아서 기네스

니다. 영국 전역에서 생산되는 흑맥주 종류는 아일랜드의 '스타우트', 잉글랜드의 대표적 흑맥주 '포터'가 있습니다. 스타우트는 또한 '드라이 스타우트', '오트밀 스타우트', '밀크 스타우트', '임페리얼 스타우트'의 네 종류가 있습니다. 물론 가장 대표적인 스타우트는 역시 기네스입니다. 요즘은 스타우트와 포터를 구분하지 않고 '스타우트 포터'라고 통칭하는 편입니다. 보통 알코올을 7~8% 함유한 맥주를 지칭하는 것입니다. 보통 스타우트 맥주는 단순히 강한 맥주가 아닌 흑맥주의 일종을 말하며 보리를 로스팅하고 표면을 발효해 양조되는 흑맥주를 보통 스타우트 맥주라고 합니다. 포터맥주와 구분하자면 스타우트는 포터보다 좀 더 검은색을 띠고 쓴맛을 가지고 있는 강한 맥주입니다. 포터 맥주는 예전에 강가에서 일하는 짐꾼들이 즐겨 마시는 맥주라서 붙은 이름입니다. 한때는 영국에서 러시아로 수출하기 위해 알코올 도수를 7도 이상까지 높인 '임페리얼 스타우트'까지 만든 적도 있었습니다.

기네스 맥주 공장을 둘러보고 가장 꼭대기에 있는 그래비티 바Gravity Bar에서 세상에서 가장 맛있는 기네스를 시음할 수 있는데 기네스 맥주는 딱 3가지 재료만 사용한다고 강조합니다. '맑은 물'과 '보리', 그리고 마지막 하나는 '기네스 정신'이라고 합니다.

비교되던 여행 가방 이젠 세계 최고

해외여행이 시작되면서 사람들의 여행 가방도 변해 갑니다. 오래전에는 흔히 말하는 이민 가방을 들고 유럽 여행을 떠나기도 했습니다. 3단 이민 가방은 그야말로 사람 한 명이 들어갈 정도의 엄청난 크기였습니다. 한국에서 출발할 때는 1단이었던 가방이 마지막 여행을 마치고 귀국할 때는 이미 3단까지 확장해 들기 힘들 정도의 무게를 자랑하기도 합니다. 그런 가방이 천으로 된 사각형 모양의 가방으로 바뀌기 시작합니다.

또 하나 재미있는 것은 바퀴의 변천사입니다. 이민 가방은 바퀴가 4개입니다. 그러다 바퀴가 2개인 가방이 유행하더니 다시 바퀴가 4개인 가방이 많이 사용되고 있습니다. 천차만별 여행 가방의 종류 중 독일의 어느 제품은 100만 원이 훌쩍 넘어가기도 합니다. 너무 좋은 가방은 부담스럽기도 하고 여행 가방을 애지중지 가지고 다니는 것도 불편해 보이기도 합니다.

가장 좋은 여행 가방은 첫째, 바퀴가 잘 굴러가야 하고 둘째, 밝은 색보다는 어두운 색이 좋습니다. 왜냐하면 가방을 비행기에 싣고 내리면서 긁히고 부딪치다 보니 밝은 색은 금방 때가 타기 때문입니다. 또 하나 플라스틱 소재 같은 튼튼하고 가벼운 가방이 좋습니다. 셋째 잠금장치가 있는 가방을 선택하여야 합니다. 마지막으로 넷째 가격이 너무 비싸지 않은 알맞은 가격에 적당한 크기의 가방이 좋습니다.

오래전에는 공항에 나가면 대한항공과 일본항공이 착륙하는 시간이 서로 비슷해서 일본 관광객들하고 같이 나오기도 했습니다. 그럼 일본 사람들은 이미 90년대 중후반에 하드케이스로 만들어진 고급진 여행 가방을 끌고 나오는데 한국 사람들은 부실한 가방을 대부분 가지고 다녀서 눈으로 바로 구별을 할 수 있었습니다. 그러다가 200년대 초에 중국 사람들이 유럽 여행을 시작하며 우리가 겪었던 패턴을 똑같이 했습니다. 처음엔 북한 사람들인가 할 정도로 남루했던 그들이 지금은 한국 사람들과 구별할 수 없을 정도로 세련된 스타일을 보이고 있습니다.

Day 7 /

튜더 왕조 시대와 함께
– 체스터

영국 연합왕국 중 한 나라인 웨일즈는 카디프를 수도로 두고 있으며 인구 320만의 나라입니다. 웨일즈를 다니다 보면 빨간색 용이 녹색과 흰색 배경의 깃발 안에 그려져 있는 것을 볼 수 있습니다. 바로 웨일즈의 상징 깃발입니다. 면적의 대부분이 해발 200m를 넘어서는 고지대이고 웨일즈 북쪽에는 그레이트브리튼 섬에서 가장 높은 1,085m의 스노든Snowdon 산이 솟아 있습니다. 산업혁명 당시 웨일즈의 남쪽을 중심으로 많은 매장량의 석탄이 채굴되었고 한때 카디프와 뉴포트 그리고 스완지를 중심으로 공업이 상당히 발달했습니다.

웨일즈도 켈트인들이 정착했지만 잉글랜드와 마찬가지로 로마인들에 의해 지배를 받았던 지역입니다. 로마인들이 빠져나가고 노르만인들이 잉글랜드를 정복한 후 웨일즈를 침공해 영토 확장에 나서면서 웨일즈는 왕국으로서의 면모를 상실하게 됩니다. 1282년에는 그 유명한 잉글랜드의 꺽다리 왕 에드워드 1세에 의해 지배를 받

게 되면서 왕실에서는 왕위를 물려받을 장남인 황태자에게 웨일즈의 왕자Prince of Wales에 봉하고 웨일즈를 황태자의 영지로 삼았습니다. 독자적인 웨일즈어를 가지고 있고 독특한 웨일즈만의 문화가 있지만 영어가 통용되며 이제는 영국의 한 부분

이스트 게이트 클락

으로서 존재하고 있습니다. 우리가 더블린 항구에서 출발해 도착한 곳인 홀리헤드는 바로 웨일즈 땅입니다.

　도착해서 체스터로 이동하다 보면 도로의 표지판들에 두 가지 언어가 표기되어 있을 것입니다. 바로 웨일즈어와 영어가 같이 표기되어 있는 것입니다. 체스터는 리버풀 남쪽에 위치하고 웨일즈 국경에 위치한 중세도시입니다. 영국에 도시명 뒤에 '스터'라고 부르는 도시가 여럿 있습니다. 이 도시들은 모두 로마의 지배를 받을 때 로마인들이 형성해 놓은 군사도시입니다. 맨체스터Manchester, 글로스터Gloucester, 랑카스터Lancaster 등이 모두 같은 맥락입니다. 체스터의 특징은 로마인들이 쌓아놓은 성이 아직도 남아 있다는 것입니다. 시내 중심을 둘러싼 성은 동서남북으로 네 개의 게이트를 가지고 있으며 동쪽에는 영국에서 가장 유명한 시계인 '빅벤' 다음으로 유명한 시계 '이스트 게이트 클락Eastgate Clock'이 있습니다. 체스터에서는 체스터 대성당과 시청 그리고 시내 중심가에서 튜더 시대 건축양식이 가장 잘 보존되어 있는 거리를 여행하는 것이 좋습니다.

튜더 왕조 시대와 함께 – 체스터
·

체스터 대성당은 660년 머시아 왕 울프헤레Wulfhere가 이곳에 예배당을 건설한 것부터 시작합니다. 907년 웨식스의 왕 알프레드Alfred의 딸 에델플레다Ethelfleda가 성녀 워버그St. Werburgh의 유해를 모시기 위해 이곳에 현지서 조달한 붉은 사암으로 사당을 지었습니다. 1092년에는 체스터의 노먼 백작 휴 루퍼스Hugh Lupus에 의해 베네딕토회 수도원을 지었으며, 1209년 수도원이 추가로 건설되고 이후 1290년 고딕양식으로 개조공사가 이뤄졌습니다. 그리고 수도원은 1540년 헨리 8세의 수도원 해산명령에 의해 그 기능을 상실합니다. 그러나 오랜 세월 대성당은 증축과 개축이 이어지다 보니 노르만양식부터 고딕양식까지 현재의 다양한 모습을 갖추게 되었습니다. 1868년부터 1876년까지 건축가 조지 길버트 스콧George Gilbert Scott 경의 주도하에 대대적인 보수를 통해 지금의 모습이 된 것입니다.

영국의 위대한 건축가들이 여럿 있지만 그중 스콧은 대를 이은 유

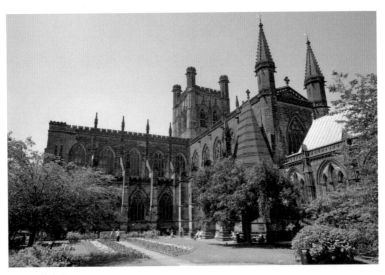

체스터 대성당

명한 건축 가문입니다. 바로 조지 길버트 스콧과 그의 아들인 자일스 길버트 스콧Giles Gilbert Scott입니다. 자일스 길버트 스콧이 설계한 건축들은 옥스퍼드의 뉴 보들리안 도서관, 케임브리지 대학 도서관, 런던에 위치한 화력발전소인 배터시 발전소와 지금은 현대미술관으로 변신한 사우스뱅크 화력발전소가 있습니다. 그 외에도 그의 마지막 역작은 리버풀 대성당을 꼽을 수 있습니다. 성공회 교회로는 세계에서 가장 큰 교회입니다. 또한 그가 디자인한 가장 작은 건축물은 런던의 빨간색 전화박스입니다. 그의 아버지였던 조지 길버트 스콧 또한 아들에 못지않게 영국의 위대한 건축을 여럿 남겨 놓았습니다. 체스터 대성당을 새로 단장한 것은 그의 작업 중 일부에 불과합니다. 그는 런던 하이드파크 옆에 있는 알버트 홀Albert Hall을 비롯해 영화 〈해리 포터〉에도 등장했던 세인트 판크라스 기차역, 에딘버러의 세인트 메리 대성당 등 영국의 기념비적인 건축을 설계한 건축가입니다.

● ● ●
처형된 왕, 찰스 1세

체스터는 찰스 1세와도 깊은 인연이 있습니다. 크롬웰에 의해 참수를 당한 국왕 찰스 1세는 국회파와의 내전에서 패배하는데 여러 번의 전투 중 하나였던 '로턴 무어 전투'를 바로 이곳 체스터에서 벌였습니다. 그는 전투현장을 멀리서 지켜보고 있었는데 바로 지켜보던 그 장소가 체스터 성벽 중 동북쪽 모퉁이의 성루입니다. 지금도

킹 찰스 타워

그 성루의 이름을 '킹 찰스 타워 King Charles Tower'라고 부릅니다. 1645년 9월 24일 벌였던 이 전투에서 왕의 군대는 600여 명이 전사하고 900명이 포로로 잡히는 수모를 겪습니다. 또한 찰스 1세의 운명을 가르는 전투였습니다.

찰스 1세는 영국 역사에서 비참한 최후를 맞았던 왕으로 기록되어 있습니다. 스코틀랜드 국왕 제임스 6세는 잉글랜드로 내려와 제임스 1세로 등극하며 잉글랜드와 스코틀랜드의 통합 왕이 되었습니다. 그의 차남이 바로 찰스 1세입니다. 스코틀랜드 던펌린 Dunfermline에서 태어난 찰스는 어려서부터 병약하고 소심한 성격의 소유자였습니다. 그의 운명은 형인 헨리가 18세에 요절하며 완전히 바뀌게 됩니다. 12세였던 찰스는 생각지도 않았던 왕세자가 됩니다.

그의 나이 20세가 되면서 제임스 6세가 노쇠하자 그는 자신의 측근이자 왕실의 실세였던 버킹엄 공작 조지 빌리어스 George Billiers와 국정의 대부분을 처리해 나갑니다. 제임스 6세가 죽자 찰스 1세는 영국의 새로운 국왕이 됩니다. 그러나 그가 왕이 되자 버킹엄 공작과 그는 오히려 불편한 사이가 됩니다. 버킹엄 공작은 외교정책에서 왕의 의견과 다르게 무리하게 추진하고 그 결과 의회와의 마찰이 심해지자 의회는 왕에게 공식 건의를 하게 됩니다. 의회의 건의에 대해 찰스 1세는 그것을 받아들이지 않고 오히려 왕권에 도전한다는 생각에 의회를 무시하고 자신이 생각하는 정책들을 밀어붙이기 시작합니다. 그런 정책들은 과중한 과세를 부과하는 것이었고 군대가 민가에서 강제 숙박을 할 수 있게 하는 군법을 적용하는 등 부왕인 제임스 1세보다 더 심한 전제정치였습니다.

찰스 1세

찰스 1세의 실패한 정책들로 인해 국가의 재정은 구멍이 나게 됩니다. 거기에다 그는 1628년 스페인과의 대외전쟁 비용 문제로 필요한 재정확보를 위해 국회를 소집합니다. 국회는 그 조건을 받아들이겠다고 하면서 국왕에게 역으로 한 가지 청원을 합니다. 청원의 주된 내용은 "의회의 동의 없이 어떠한 과세나 공채도 강제되지 않는다. 법에 의하지 않고 누구도 체포 또는 구금되지 않는다. 육군과 해군은 국민의 의사에 반해 민가에서 강제 숙박할 수 없다. 민간인은 군법에 의한 재판을 할 수 없다."였습니다. 이것들은 국민의 자유권을 보장하는 주된 내용으로서 마그나 카르타 이후 국왕의 권력을 의회로 옮기는 하나의 초석이 됩니다.

그러나 문제는 그 이후에 일어납니다. 문서에 서명했던 국왕 찰스 1세는 약속했던 것들을 지키지 않고 오히려 1629년 의회를 해산해 버립니다. 그리고 11년 동안 의회를 소집하지 않고 전제정치를 이어 갑니다. 이에 분노한 국회는 결국 올리버 크롬웰을 중심으로 청교도 혁명을 일으키게 됩니다. 거기다 더해 찰스 1세와 국회의 갈등은 종교적으로도 심하게 일어났습니다. 영국 국교가 중심인 의회에 반해 국왕은 가톨릭교도인 왕비를 맞이합니다. 그런 갈등 상황에 스코틀랜드의 종교 문제로 군대가 필요하게 됩니다. 찰스 1세는 어쩔 수 없이 의회를 소집하고 자신이 필요한 것들을 관철시키려 했지만 의회는 그동안 왕의 문제점을 포함한 200개 조항의 항의문으로 작성해 발표합니다. 이에 찰스 1세는 결의안 통과에 주도적인 역할을 했던 국회의원들을 체포하려 국회에 왕실 근위대를 보내는 것으로 대응합니다. 국회 역시 의회 경비대를 동원해 본격적인 국왕과 의회 간의 물리적 마찰이 시작됩니다. 그는 국회가 감히 왕권에 도전한다고 생각합니다.

이런 연유로 영국 사회는 혼란에 빠지고 결국 내전으로까지 발전됩니다. 9년간 3번의 전투에서 첫 승을 왕당파가 이끌어 냈지만 나머지 2번의 전투를 국회파가 승리하며 내전은 종식됩니다. 종식 후 1주일간의 재판을 통해 찰스 1세는 사형이라는 재판 결과를 받습니다. 그는 끝까지 자신은 적법한 이 나라의 왕이라고 말하며 의회가 왕을 심판하거나 재판할 권리는 없다고 주장하며 판결의 결과를 인정하지 않습니다. 그러나 국회는 재판 결과에 대해 "외부 세력을 끌어들여 국가를 혼란에 빠뜨리고 백성을 억압했으며 죽음으로 몰았다."는 이유로 사형 선고에 대한 합당함을 주장합니다.

그는 처형 전날 자신의 자녀 헨리 왕자와 엘리자베스 공주를 만나 눈물을 흘리며 작별을 합니다. 1649년 1월 30일, 처형되기 전날 밤 그는 자신에게 따뜻한 내복을 준비해 달라고 부탁합니다. 왜냐하면 영국의 겨울은 영하로 잘 내려가지는 않지만 체감 기온이 상당히 낮습니다. 그는 자신이 추워서 떠는 모습이 국민들에게는 왕이 죽음이 두려워 떠는 모습으로 보일까 봐 그렇게 부탁을 한 것입니다. 그는 내복을 껴입고 한치도 떨지 않으며 죽기 전 마지막 말을 남깁니다. "개인과 군주의 권리는 다르며 신하가 국왕의 통치권을 넘볼 수 없다."고 말하고 당당하게 사형대에 자신의 목을 올려 단 한 번의 도끼질로 처형됩니다. 찰스 1세가 죽고 난 후 영국은 역사상 전례 없는 공화정이 크롬웰에 의해 시작됩니다.

찰스 1세가 처형된 후 그의 아들 찰스 2세는 네덜란드에 피신해 있다가 프랑스로 넘어갑니다. 프랑스 망명 기간 중 잉글랜드의 청교도 혁명에 반대했던 스코틀랜드 정부가 찰스 2세를 자국의 국왕으로 추대해 대관식까지 행했지만 크롬웰의 군대한테 두 차례 전투에서 패하면서 그는 다시 프랑스 망명 생활을 이어갑니다. 크롬웰이 죽고 그의 아들마저 쫓겨난 후 영국인들은 크롬웰의 억압정치에 환멸을 느끼며 오히려 왕이 있었던 시절이 좋았다고 생각합니다. 결국 1660년 5월 8일 영국은 찰스 2세를 잉글랜드를 포함한 3국의 왕으로 선포합니다. 왕위에 오른 그는 1661년 제일 먼저 아버지의 복수를 시작합니다. 크롬웰의 무덤을 파서 머리를 잘라 창에 꽂아 두고 몸통은 네 조각을 내어 런던 시내에 걸어 놓습니다. 당시 크롬웰의 머리를 쳐내는데 워낙 방부처리가 잘 되어 있어서 무려 30번을 내리쳐야 했다고 합니다. 찰스 2세는 자신의 아버지가 재판을 받을 때 관여했던 생존해 있던 판사 및 관리들 59명의 명단을 작성하게 합니다. 그중 12명은 사형에 처하고, 19명은 종신형을 내립니다. 당시 찰스 2세의 명에 의해 만들어진 명단을 '블랙리스트'라고 불렀다고 합니다.

젠트리, 올리버 크롬웰

크롬웰은 젠트리Gentry 집안 출신으로 그의 인생은 그저 평범한 지주로서 40세가 될 때까지 특별함이 없는 인생이었습니다. 그런 그가 하원의원이 되면서 그의 인생은 완전히 바뀌기

런던 국회의사당 앞 올리버 크롬웰 동상

시작합니다. 의회와 찰스 1세와의 마찰로 내전이 시작되자 자신의 고향에서 60명의 기병대를 조직해 국회를 지지하는 쪽에 가담합니다. 그는 철기대Ironside를 중심으로 노샘프턴셔Northamptonshire의 네이즈비Naseby 전투에서 승리를 이끌어 냅니다.

사실 크롬웰은 처음부터 찰스 1세를 적대시 하지는 않았습니다. 포로로 잡힌 그를 극진히 대우해 줬으며 어느 정도의 자유로운 활동까지 할 수 있게 했습니다. 그러나 찰스 1세의 편지함에서 자신의 재기를 노리고 외세를 끌어들이려는 음모가 발각되자 결국 처형하는 쪽으로 기울게 된 것입니다. 크롬웰이 공화정을 펴며 이뤄낸 성과도 있습니다. 젠트리의 권익을 위한 중상주의를 폈던 것입니다.

중상주의는 보호무역주의와는 다릅니다. 중상주의가 후대에 결과적으로 그렇게 발전된 것이긴 하지만 초기 중상주의는 유럽 전역에서 공통적인 정책 중의 하나였습니다. 무역 활동으로 귀금속과 자본을 축적해 국부를 증대시키는 것이 기본적인 개념으로 중세 절대

왕정들은 대부분 유사한 정책을 폈습니다. 그리고 그의 가장 큰 업적은 항해조례Navigation Acts 입니다. 이것은 영국의 중상주의를 보호하기 위한 법률로서 네덜란드를 견제하기 위해 시작한 것입니다. 그 내용은 잉글랜드와 식민지 배만 영국 식민지에서 무역을 위해 상품을 운송할 수 있으며 무역선에는 영국인이나 식민지인들이 최소 절반 이상 필히 승선해야 한다는 내용입니다. 또한 담배나 설탕 및 직물은 오직 잉글랜드만 거래할 수 있고 식민지로 가는 모든 물건은 잉글랜드를 거쳐 관세를 내야 한다는 내용도 포함되어 있습니다.

이 법으로 인해 영국과 네덜란드는 1652년 영란전쟁을 벌이게 되는데 모두 4차례의 전쟁에서 영국이 승기를 잡게 됩니다. 총 4차례 전쟁 모두 영국이 우월해서 이긴 것은 아닙니다. 당시 네덜란드는 유럽의 강대국이었지만 프랑스의 루이 14세와의 지상전을 겪으며 피로도가 쌓였고, 그로 인한 국가적 손실이 막대해 영국과의 해전에서 힘쓰지 못하고 패배하게 된 것입니다. 또한 영국과 프랑스의 연합 전을 네덜란드 입장에서는 상대하기에 여러모로 한계가 있었기 때문입니다. 항해조례는 크롬웰 사후에도 계속 존재하다 빅토리아 여왕에 가서 폐지됩니다.

크롬웰은 근본적으로 청교도에 기본을 두었기 때문에 근본주의적 사상이 깔려 있었습니다. 국민을 억압하고 처벌하는 통치를 했기 때문에 사람들의 기대에 실망감만 안겨줬습니다. 의회를 해산하고 스코틀랜드와 아일랜드를 병합한 호국경 Lord Protector 이 된 그는 군사 독재 정치를 통해 국민들의 도덕성을 강요했습니다. 극장의 문을 닫고 스포츠 경기나 사교모임조차 할 수 없는 사회를 만들었습니다.

나아가 대중음악을 금지해 국민들은 찬송가만 불러야 하고 심지어 크리스마스도 금지되어 의회가 12월 25일에 소집되기도 했습니다. 이러한 환경과 독재에 국민들은 역으로 찰스 1세에 대한 동정론까지 일어나게 됩니다. 1658년 9월 3일 크롬웰이 지독한 독감으로 앓다가 사망하고 나서 웨스트민스터 사원에서 장례가 치러진 후 아들 리처드 크롬웰이 승계를 받았으나 장로파를 중심으로 하는 군부와 의회의 쿠데타로 인해 리처드는 쫓겨나고 결국 영국은 프랑스로 망명가 있던 찰스 2세를 불러 왕정복고를 합니다. 바로 체스터는 찰스 1세에게 옥스퍼드와 함께 자신의 운명을 바꾼 도시입니다.

체스터는 영국에서 가장 작은 도시이지만 가장 아름다운 거리를 보여줍니다. 튜더 왕조 시대의 아름다운 목조건축이 그대로 보존되어 있어 마치 중세의 시대로 돌아가 있는 것 같은 착각을 일으키기도 합니다. 도한 '이스트게이트클락'은 빅토리아 여왕의 다이아몬드 주빌리Diamond Jubilee, 여왕 제위 60주년를 기념하기 위해 준비된 프로젝트였습니다. 초기에는 체스터 시청 앞에 여왕의 동상을 세우는 것과 시청에 기념 시계탑을 만드는 것 중에 하나를 결정해야 하는데 계속 결정을 못하다가 결국 이스트게이트에 시계탑을 만드는 것으로 최종안을 발표합니다.

이 사업의 추진은 웨스트민스터 후작인 휴 그로스베너Hugh Grosvenor가 주도해 건축가 존 더글라스John Douglas에게 의뢰합니다. 처음 석조 구조물로 제작하려 했지만 예산 문제 때문에 지금과 같은 철제구조물로 만들었으며 공식적인 완성된 시계의 1899년 5월 27일 여왕의 80번째 생일을 기념해 공식 개장을 했습니다. 그러나 시계 판 아래에 보이듯 실제로는 1897년에 세워졌습니다. 한때 시곗바늘을 누군가 훔쳐 가서 다시 제작하기도 했다고 합니다. 현재는 전기 장치를 통해 시계가 구동되고 있습니다.

● ● ●
폭풍의 언덕

잉글랜드 요크셔에 위치한 하워드Haworth는 작은 마을이지만, 소설《폭풍의 언덕Wuthering Heights》의 배경으로 유명합니다. 이 소설은 에밀리 브론테Emily Brontë가 살았던 곳에서 쓰였으며, 1847년 12월에 처음 발표되었습니다. 한국에서는 일본의 번역 출판 영향으로 '폭풍의 언덕'이라는 이름으로 잘 알려져 있습니다. 이 소설의 배경은 에밀리의 고조할아버지가 리버풀에서 한 아이를 입양한 실화에서 영감을 받았습니다.

튜더 왕조 시대와 함께 – 체스터
·

브론테 생가(목사관)

브론테 세 자매는 모두 글쓰기에 재능이 있었습니다. 샬롯Charlotte Brontë은 《제인 에어Jane Eyre》를, 앤Anne Brontë은 《아그네스 그레이 Agnes Grey》를 집필했습니다. 어릴 때부터 글을 쓰기 시작한 에밀리 는 샬롯이 그녀에게 작가가 되길 권했을 때 처음에는 반대했지만, 결국 세계적인 명작 《폭풍의 언덕》을 쓰게 됩니다.

《폭풍의 언덕》이 처음 발표되었을 때, 그 거칠고 무거운 내용으로 인해 여성이 썼다고는 믿기 어려웠으며, 당시 영국 내에서도 대부분 외면받았습니다. 하지만 20세기에 들어서면서 평론가들의 호평을 받기 시작했고, 지금은 셰익스피어의 《리어왕King Lear》, 허먼 멜빌 Herman Melville의 《모비 딕Moby-Dick》과 함께 영문학에서 가장 위대 한 비극 작품 중 하나로 평가받고 있습니다.

《폭풍의 언덕Wuthering Heights》은 폭풍우 치는 밤 록우드Rockwood 가 가정부 넬리 딘Nelly Dean으로부터 듣게 되는 집안의 놀라운 이야 기로 시작합니다. 이야기는 20년 전, 언쇼Mr. Earnshaw가 리버풀에 서 어린 고아를 데려와 히스클리프Heathcliff라는 이름을 주면서 시작 됩니다. 언쇼는 히스클리프를 자신의 친자식인 힌들리Hindley와 캐서린Catherine 남매와 같이 사랑으로 키웁니다. 그러나 히스클리프와 캐서린 사이의 점점 깊어지는 사랑에도 불구하고, 언쇼의 사망 이후 힌들리는 히스클리프에게 학대를 시작하고, 캐서린이 에드거 린튼 Edgar Linton과 결혼하면서 히스클리프는 절망하여 마을을 떠납니다.

세월이 흐른 뒤, 성공한 젠틀맨으로 변신한 히스클리프는 복수심을 품고 하워드로 돌아옵니다. 그는 힌들리의 재산을 빼앗고 그의 아들 헤어튼Hareton을 괴롭히며, 에드거 린튼의 동생 이사벨라 Isabella를 유혹해 결혼함으로써 린튼가의 재산을 노립니다. 히스클리프와 이사벨라의 결혼으로 괴로움에 시달리던 캐서린은 딸을 낳은 후 사망하고, 에드거는 딸의 이름을 캐서린Catherine으로 짓습니다. 이사벨라는 런던으로 도망쳐 아들 린튼Linton을 출산합니다.

튜더 왕조 시대와 함께 - 체스터

몇 년 후, 히스클리프는 자신의 아들 린튼과 에드거의 딸 캐서린을 결혼시킴으로써 린튼가의 재산을 차지합니다. 린튼이 조기에 사망하고 헤어튼이 캐서린을 사랑하고 있음을 알게 된 히스클리프는 어린 시절의 자신을 헤어튼과 캐서린에게 반영해 복수를 멈춥니다. 그는 폭풍우 치는 밤에 외롭게 생을 마감합니다. 소설의 결말은 록우드Rockwood가 히스클리프와 캐서린이 묻힌 무덤을 거닐며, 이 평화로운 땅에서 누가 그들이 아직도 불안하게 잠 못 이루고 있다고 상상하겠느냐는 생각으로 마무리됩니다.

《폭풍의 언덕》의 배경인 하워드Haworth는 가는 길이 멀고 험난하지만, 작은 마을에는 관광객을 위한 아름다운 카페와 펍이 있습니다. 브론테 자매의 무덤이 있는 교회 앞 거리는 평화롭고 조용하지만, 언덕과 세찬 바람은 이곳이 바로 소설 속의 "폭풍의 언덕"임을 상기시키며, 거친 날씨로 방문자들을 맞이합니다.

해외여행 이런 사람 꼭 있다

많은 사람들이 해외여행을 하고 패키지여행을 선호합니다. 일단 개인적으로 똑같은 코스로 다닌다면 금전적이 부담이 너무 크기 때문입니다. 그리고 패키지가 짜놓은 일정을 개인으로 다닌다면 도저히 불가능한 스케줄입니다. 그러나 모험을 해야 합니다. 어떤 사람들의 조합으로 한 팀이 결성될지 모르기 때문입니다.

그래서 여행사나 여행사의 상품마다 특징이 있고 그 특징이 나와 맞는 상품을 선택합니다. 대표적으로 국내에서 가장 비싼 상품을 파는 H관광의 상품을 선호하는 사람들은 평생 H관광을 통해서만 다니기도 합니다. 그 사람들은 기본적으로 금전적 여유가 있는 사람들로서 어느 정도 패키지 팀이 구성될 때 자신과 비슷한 위치에 있는 사람들이 모인다고 생각하기 때문입니다. 이것은 일정 부분 맞는 선택입니다. 또 다른 한국에서 가장 큰 여행사 H투어는 상품의 등급이 확실히 있기 때문에 그 안에서 자신의 사정에 맞는 그레이드의 패키지를 선택합니다. 그 외에 V여행사의 상품을 선택하는 사람들의 특징이 있습니다. 여행사마다 충성고객이 있고 브랜드 인지도나 레벨이 있어서 자신에 맞는 여행사와 상품을 선택하면 큰 무리 없이 일행들과 즐거운 여행을 할 것입니다. 그런데 어느 여행사의 어떤 상품이든 꼭 이런 사람이 있습니다. 물론 모든 패키지여행에 있는 것은 아닙니다.

유형별로 보면 H관광으로 해외여행을 가는 분들은 개중에 직업이 여행인가 하는 사람들이 있습니다. 1년에 많게는 4~5차례 해외여행을 가는데 갈 데가 없어 새로운 상품만 기다릴 정도인 사람들도 있습니다. 이 여행사로 가는 사람들은 대부분 여행 경험이 수십 년 되었고 유럽을 몇 차례 다녀온 사람들도 있습니다. 영국 일주를 하다 보면 런던을 와본 경험이 있기 때문에 이 패키지 상품에는 런던의 영국박물관이 아예 빠져 있을 정도입니다. 여행의 고수들이라 기본적인 매너가 잘 갖춰져 있습니다. 그런데 이 여행사로 느닷없이 합류한 사람이 어쩌다 있는데 대화에 잘 어울리지 못하고 때로는 사고를 칠 때가 있습니다. 사고라는 것이 대단한 것은 아니고 약속 시간을 잘 못 지키거나 현지 음식에 적응을 못 하는 경우입니다.

한국의 중산층이 가장 선호하는 여행사는 아마도 H투어 상품일 것입니다. 가장 보편적인 한국의 중산층이 함께 모여 있는 상품입니다. 때로는 미국의 교민이 조인하는 경우가 있습니다. 특이한 것은 미국의 교민은 주로 H투어 상품에 조인하는 경우가 많다는 것입니다. 미국 교민은 하루 먼저 왔다가 본 팀이 떠나고 하루 더 체류하고 미국행 비행기를 타는 일정입니다. 가족 단위로 오는 경우가 가장 많은 상품입니다. H관광은 거의 부부로 팀이 이뤄진 반면 H투어는 부부도 있지만 가족인 경우가 다수 포함되어 있습니다. V여행사는 혼자 온 사람들의 비율이 다른 여행사의 상품보다 높습니다. 직장인이 많고 연령대가 다른 패키지보다 젊은 편입니다. 이렇게 여행사마다 상품마다 그 특징이 있는데 여러 패키지상품에 꼭 있는 사람이 있습니다. 주로 H투어와 H관광으로 오는 사람들 중에 있는데 우선 "내가 누군데" 스타일입니다. 현지 가이드는 한국에서 여행 온 사람들이 누구든 별 관심이 없습니다. 한국에서 무얼 하는 사람이든 간에 그저 단체로 여행 온 구성원 모두가 다 중요하고 전체적으로 여행에 만족시켜야 하는 책임이 있습니다. 물론 개중에는 특별히 신경 써야 하는 사람들도 있습니다. 몸이 불편하다든가 채식주의라든가 하는 사람들은 당연히 신경을 써야 합니다. 그러나 여행 온 사람이 한국에서 얼마나 잘 나가고 지위가 높은지는 중요한 것이 아닌데 은근히 자신의 지위와 사회적 위치를 과시하며 본인이 한국에서 대접받은 것처럼 해외에서도 대접받으려 하는 사람이 있습니다. 가장 대하기 힘든 스타일의 관광객입니다.

그리고 모든 것에 부정적인 사람이 있습니다. 영국의 어떤 면에 대해 여행 온 입장에서 그것이 좋은 것이면 좋게 평가하고 나쁜 것은 그것에 맞게 개개인 별로 평가하는 것은 있을 수 있는데 대놓고 큰 소리로 무엇이 잘못되었고 시스템이 나쁘고 여기는 사람 살 곳이 못된다고 계속 주장하는 스타일이 있습니다. 이런 스타일의 관광객이 있으면 전체적인 분위기가 나빠질 수 있어 가이드는 최대한 그의 말을 무시하고 투어를 진행해야 합니다.

튜더 왕조 시대와 함께 – 체스터

영국 일주 여행에서 가장 추천하는 도시로 에딘버러Edinburgh를 꼽은 후, 두 번째로 추천하는 도시는 바스Bath입니다. 바스는 연간 약 600만 명의 관광객이 방문하는 인기 도시 중 하나로, 도시의 이름에서 알 수 있듯이 목욕탕, 즉 로마 시대부터 이어진 유명한 온천으로 유명합니다. 하지만 바스는 단순한 목욕탕의 도시가 아닌, 문학과 예술이 함께하는 곳입니다. 특히 거리 곳곳에서 만날 수 있는 버스킹은 영국 내에서도 가장 높은 수준을 자랑하며, 다양한 장르의 공연이 이루어지는 것을 볼 수 있습니다. 오페라, 트럼펫 연주 등 고품격 공연이 특징입니다.

또한 바스는 유명한 빵집과 특별한 음식으로도 잘 알려져 있습니다. '샐리 룬Sally Lunn' 빵집은 1482년에 지어진 바스에서 가장 오래된 건물에 위치해 있으며, 1680년부터 프랑스 난민이었던 샐리 룬의 이름을 딴 빵을 굽기 시작했습니다. 이 빵은 바스를 방문하는 사람들 사이에서 필수 먹거리로 유명했습니다. '바스 챕스Bath Chaps'는 또 다른 유명한 지역 음식으로, 돼지의 뺨과 턱뼈 부분을 소금에 절이고 훈제하여 만든 요리입니다. 1740년 미네랄워터 병원Mineral Water Hospital의 윌리엄 올리버William Oliver가 만든 '바스 올리버Bath Oliver' 레시피로부터 시작되었습니다. 바스 시장에서 쉽게 찾아볼 수 있습니다.

바스는 그 자체로 역사와 문화, 예술이 어우러진 도시로, 관광객들에게 다양한 볼거리와 먹거리를 제공합니다. 목욕 문화뿐만 아니라, 고유의 예술적 분위기와 맛있는 지역 음식으로 방문객들에게 잊지 못할 추억을 선사하는 곳입니다.

바스Bath는 영국 잉글랜드 서쪽에 위치한 역사적인 도시로, 목욕탕 때문에 이 이름이 붙여진 곳입니다. 인구는 약 10만 명이며, 런던에서 약 156km 떨어져 있습니다. 1987년에는 그 역사적 가치와 보존 상태를 인정받아 유네스코 세계유산으로 지정되었습니다.

바스에 목욕탕이 처음 만들어진 것은 AD 60년경, 로마인들이 이 지역에 도착하면서부터입니다. 로마인들은 강 계곡에 목욕탕과 신전을 건설하고, 이곳을 '아쿠아 술리스Aquae Sulis'라고 명명했습니다. '술리스Sulis'는 이 지역의 켈트인들이 숭배하는 치유와 물의 여신의 이름이며, 로마인들은 이 여신을 자신들의 신 미네르바와 결합시켜 '술리스 미네르바' 사원이라고 불렀습니다. 이 사원 안에는 금으로 장식된 술리스 미네르바 여신의 두상이 전시되어 있으며, 이 두상은 1727년에 발견되었습니다.

로만 바스

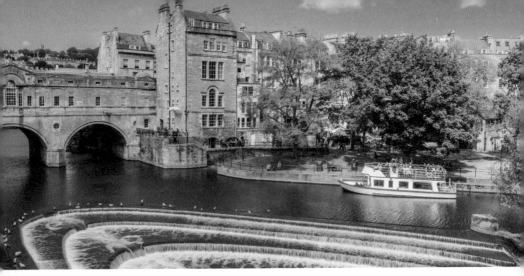

폴트니 다리

사실 그 이전부터 이 지역은 영국에서 유일하게 온천물이 나오던 지역이었습니다. 전설에 의하면 BC863년 블래더스Blenders 왕자가 아테네에서 유학하고 영국으로 돌아왔는데 안타깝게도 오자마자 나병에 걸리고 말았습니다. 그 때문에 그는 왕실에서 추방까지 당합니다. 그러던 어느 날 이 지역에 예전부터 뜨거운 흙탕물이 있었는데 돼지들이 이 흙탕물에 뒹굴고 나서 피부병이 고쳐졌다는 풍문을 듣게 됩니다. 왕자는 그 소식을 접하고 단박에 달려와 온천물로 목욕하고 마침내 나병을 고쳤다고 합니다.

전설이 사실이든 아니든 이곳에는 3개의 온천물이 나오는 섭씨 46도의 꽤 뜨거운 샘이 있었으며 지역 사람들은 그 이전부터 온천물을 즐겼고 수천 년 동안 이곳에서는 매일 24만 갤런의 물이 나오고 있었습니다. 그 양은 14,000개의 욕조를 채울 수 있는 양이고 무려 400만 잔의 커피잔을 채울 수 있는 양입니다. 로마인들은 이 온천물을 가두는 저수지를 만들고 파이프로 연결해 현재 우리가 보는 '그레이트 바스'를 만들었습니다. 물의 깊이는 1.6m이고 현재는 야외로 되어 있지만 당시에는 높이 20m의 아치형 지붕이 있었습니다. 이곳에는 탕뿐만 아니라 마사지를 받을 수 있는 공간도 있었으며 냉탕과 탈의실까지 갖추고 있었습니다. 모든 물의 흐름은 납으로 만든 파이프를 통해 흐르게 했는데 로마 시대에는 파이프의 크기에 따라 세금을 부과했기 때문에 집에 큰 목욕탕을 만드는 것은 비용도 많이 들고 세금에 대한 부담 때문에 이런 공동목욕탕을 이용했다고 합니다.

전시된 공간을 둘러보다 보면 60cm 높이의 정사각형 모양의 기둥이 상당수 늘어져 있는 것을 볼 수 있습니다. 또한, 바스의 온천 시설은 로마 시대의 하이포코스트Hypocaust 시스템을 사용해 난방했는데 지금의 중앙난방 시스템입니다. 그리스어 'hypo'는 아래를 뜻하는 단어이고 'caust'는 장작 난로에서 태워진 뜨거운 공기를 뜻합니다. 아궁이에서 장작을 때서 뜨거운 공기가 돌아다니게 하고 그 위에 바닥 판을 깔아 거대한 욕조를 만들어 사용한 것입니다. 이 시스템은 지금 사용하는 기본적인 난방시스템과 동일합니다. 지금은 그레이트 바스의 욕조 물이 녹색을 띠고 있지만 실제로는 약간 황토색 물이었습니다. 지붕이 없어 햇볕에 노출되면서 녹조현상 때문에 그렇게 보이는 것입니다. 1948~1976년까지는 영국에서 NHS National Health Service를 통해 이곳의 물을 처방받는 치료법으로 쓰기도 했지만 지금은 사라졌습니다.

로만 바스 바로 옆에는 AD 7세기에 세워진 바스 대성당Bath Abbey이 있습니다. 바스 사원으로도 부르고 있는 이 건물도 바로 조지 길버트 스콧 경에 의해 1860년대에 재건되었습니다. 바스 사원은 팬금고 형태로 유명합니다. 팬금고는 고딕양식의 하나로 천장을 받치는

바스 대성당

립rib을 말합니다. 고딕양식 늑재를 지지대처럼 십자형으로 교차해 설치하는 것으로 리브가 만나는 중심을 리브 볼트rib vault라고 합니다. 즉, 갈비뼈가 모두 같은 곡선을 이뤄 부채꼴 같은 형태를 가지고 있습니다. 영국에서는 글로스터 대성당의 회랑과 케임브리지의 킹스 칼리지 채플이 동일한 형태를 가지고 있습니다. 이러한 형태는 프랑스나 스페인에서는 볼 수 없는 영국만의 독특한 건축구조입니다. 우리는 이런 형태를 영국 고딕양식이라고도 부릅니다. 바로 바스 대성당 본당 위 둥근 천장을 바스 현지에서 조달한 석재로 새로 복원한 것입니다.

재건된 모습은 십자형 건축을 기본으로 최대 1,200명까지 수용할 수 있는 공간을 갖추게 되었으며 예배뿐만 아니라 콘서트나 강연장으로도 사용합니다. 현재 규모는 본당 길이가 64m, 기둥 너비 11m, 전체 건물의 총길이는 69m입니다. 이 사원의 특이한 것은 서쪽 정문 밖에 있는 사다리를 오르는 천사 조각입니다. 외벽에 부조로 조각된 이 천사들은 양쪽 사다리에 각각 7명씩 14명의 천사가 조각되어 있습니다. 1499년 올리버 킹Oliver King이란 주교가 꿈에서 천사들이 사다리를 타고 하늘로 올라가는 모습을 보고 신의 계시라 생각해 그 모습을 그대로 재현해 놓은 것이라고 합니다. 자세히 보면 사다리의 끝까지 거의 올라간 천사의 표정은 평온해 보이지만, 중간에 거꾸로 내려오는 천사나 아직 올라가지도 못하고 아래쪽에 있는 천사의 표정은 어두워 보입니다. 우리는 저 사다리를 타고 저기 꼭대기까지 올라갈 수 있을지 궁금해지기도 합니다.

바스 지역에서 또 하나 볼만한 것이 있다면 아름다운 건축 로얄 크레센트Royal Crescent가 있는데 한국의 고급 연립주택이라고 보면 됩니다. 1774년에 완공한 이 건축물은 조지안 시대 존 우드John Wood 가 설계한 초승달 모양의 건축으로 30개의 계단식 공동주택입니다. 총길이가 150m에 달하며 114개의 이오니아Ionia식 기둥이 펼쳐져 있으며 첫 번째 집인 1번 집은 현재 로얄 크레센트 박물관으로 사용하고 있고, 16~17번은 호텔&스파로 운영하고 있습니다. 나머지들은

로얄 크레센트

지금도 거주 목적의 주택으로 사용하고 있습니다. '로얄'이 붙은 이유는 18세기 말에 이곳에 프레드릭Frederick 왕자인 요크 공작이 거주한 이후 붙여진 것이고 건물 앞의 공원은 빅토리아 공원입니다.

 바스와 연관된 유명한 작가로는 제인 오스틴Jane Austen, 1775~1817이 있습니다. 그녀는 바스 지역에서 생활하며 여러 소설을 집필했는데, 그중에서도 우리에게 잘 알려진 작품으로는 《오만과 편견》이 있습니다. 목사인 아버지 밑에서 8남매 중 일곱 번째로 태어난 오스틴은 어릴 때부터 책을 좋아했습니다. 1796년, 아일랜드 출신의 토마스 리프로이Thomas Lefroy와의 결혼이 무산된 후, 그녀는 독신으로 살아갔습니다. 《오만과 편견》은 처음에는 《첫사랑》이라는 제목으로 초판이 완성되었으며, 《이성과 감성》, 《맨스필드 파크》, 《엠마》 등 다른 소설들도 집필했습니다. 오스틴은 42세에 생을 마감했습니다.
 제인은 리프로이로부터 청혼을 받을 것이라고 언니에게 편지를 썼습니다. 그녀는 리프로이와의 만남을 편지에 자세히 기록했습니다. 하지만, 리프로이는 제인보다 재산이 많은 여성을 만나야 한다는 가족의 압박 속에, 그리고 제인 역시 자신의 집안보다 더 좋은 집안의 남자를 만나야 한다는 사회적 압박을 받아 결국 결혼에 이르지 못했습니다. 젊은 나이에 건강이 악화된 오스틴은 41세에 언니 카산드라Kassandra의 무릎을 베고 세상을 떠났습니다. 그녀가 죽기 전 1817년에 쓴 편지에는 이러한 내용이 담겨있습니다. "제가 살아남아 나이가 들면, 지금 죽었어야 했다고 분명히 생각할 것입니다. 아무도, 혹은 아무 애정도 남지 않은 그때가 아니라, 이렇게 가족이 보살펴 줄 때 축복받으며 지금 죽었어야 했다고."

스톤헨지(Stonehenge)

솔즈베리 대성당Salisbury Cathedral은 영국에서 가장 높은 첨탑, 높이 123m를 자랑하는 유명한 교회 건축물 중 하나입니다. 이 대성당 인근 평원에는 선사 시대 유적지인 스톤헨지Stonehenge가 위치해 있으며, 매년 많은 관광객이 이곳을 방문합니다. 스톤헨지는 바스Bath에서 약 1시간 거리에 있으며, 평원에 서 있는 거석들이 관광객들의 호기심을 자극합니다. 영국 일주를 하며 보게 되는 세 개의 중요한 돌 중 하나로, 스코틀랜드 에딘버러Edinburgh에서 '스톤 오브 데스티니Stone of Destiny', 이곳 스톤헨지를 방문한 뒤, 그리고 런던의 영국 박물관British Museum에서 '로제타 스톤Rosetta Stone'을 볼 수 있습니다.

스톤헨지의 거석들은 폭 6m, 깊이 1.4m 도랑에 둘러싸인 원형 형태를 가지고 있는 지름 98m의 평원에 세워져 있습니다. 기원전 2000년경에 만들어 놓은 이 거석의 용도는 지금도 학자들이 연구하고 있지만 의견이 분분합니다. 여러 가지 학설이 있는데 현존하는 문서 중 가장 오

래된 기록은 1130년, 헌팅턴Huntington이 쓴《잉글랜드인들의 역사》입니다. 저자는 "누가 무엇을 위해 만들었는지 알 수 없는 유적"이라고만 썼습니다. 그전에도 있었던 이 거석을 그저 누가 만들어 놓았는지 알 수 없다는 것이라고만 쓴 것입니다.

영국 사람들은 그때까지도 그 용도와 만들어진 시기를 몰랐습니다. 여러 연구 중 하나는 보스턴 대학 제라드 홉킨스Gerald Hawkins 교수가 주장하는 천문대 역할을 하던 구조물이라는 것입니다. 거석과 도랑의 배치가 일 년 중, 하지 때 일출과 동짓날 일몰 때 태양의 움직임과 정확히 일치하고 28일 주기로 차오르는 달의 움직임과 거석들의 배치가 관련이 있다는 것입니다. 또 다른 학설은 재물을 바치고 제사를 지내던 곳으로 길게 눕혀진 돌이 제단이라는 것입니다. 그러나 그 학설은 신뢰성이 떨어집니다. 왜냐면 제단이라고 주장하는 눕혀있는 돌이 사실은 세워져 있던 것이 쓰러져 현재 눕혀있다는 결론이 나왔기 때문입니다. 또 다른 학설은 죽은 자의 공간이라고 하는데 인근에 나무로 만든 헨지가 있고 그 나무는 산자의 공간이고, 돌로 만들어 놓은 헨지는 죽은 자의 공간이란 주장입니다. 이 돌을 쌓은 사람들의 DNA 조사 결과 기원전 4000년 전에 아나톨리아Anatolia, 즉 지금의 튀르키예 쪽에서부터 지중해를 건너 이곳 땅까지 와서 농사를 짓던 사람들이 만든 것이라는 것과 태양력 계산을 위한 도구라는 주장도 있습니다.

거석은 크게 셰일과 블루스톤으로 되어 있습니다. 그리고 하나 더 사르센석입니다. 셰일 서클은 30개로서 바깥쪽에 둥글게 세워져 있고 안쪽 블루스톤은 좀 더 작게 세워져 있습니다. 원형 바깥쪽에 홀로 세워져 있는 돌은 힐스톤이라고 부릅니다. 여러 학설이 아닌 전설로는 아서왕 전설에 등장하는 마법사 멀린이 만들어 놓았다고 합니다. 이 거석의 무게는 최대 50톤에 이릅니다. 또한 이 돌은 이곳에서 40km 떨어진 곳에서 옮겨온 것으로 추측되는데, 블루스톤 서클의 돌들은 무려 385km 떨어진 웨일즈 남서부에서 가져온 것이라고 합니다. 그 옛날 어떻게 가져왔는지도 아직도 미스터리입니다.

귀족 문화의 자부심 – 바스, 원저성

211

왕실의 자존심 윈저성
(Windsor Castle)

바스에서 스톤헨지를 방문한 후 런던으로 가는 길에, 히드로 공항Hearthrow Airport에서 서쪽으로 조금 더 가고 런던 시내에서 약 36km 떨어진 곳에 위치한 웅장한 성이 있습니다. 그곳은 바로 윈저성Windsor Castle입니다. 윈저성Windsor Castle은 44,965㎢의 면적을 자랑하며, 영국 국왕의 공식 저택 중 하나입니다. 이 성은 런던의 버킹엄 궁전Buckingham Palace과 에딘버러의 홀리루드 공전Holyrood Palace과 함께 영국 왕실의 주요 거주지 중 하나로 꼽힙니다. 엘리자베스 2세 여왕Queen Elizabeth II이 어린 시절을 보낸 곳으로도 유명하며, 해리 왕자Prince Harry와 메건 마클Meghan Markle의 결혼식이 열린 장소이기도 합니다.

윈저성은 엘리자베스 2세 여왕과 그녀의 남편 필립 공Prince Philip, 여왕의 아버지 조지 6세George VI, 그리고 여왕의 어머니인 퀸 마더Queen Mother가 안장된 곳으로도 잘 알려져 있습니다. 여왕의 여동생 마거릿 공주The Princess Margaret 역시 이곳에 묻혀 있습니다. 특히 찰스 1세King Charles I와 같은 역사적인 인물도 윈저성에 안장되어 있어, 그 역사적 중요성을 더합니다.

윈저성의 역사는 1087년 윌리엄 1세King William I 때, 목조로 만들어진 성이 처음 자리 잡으면서 시작되었습니다. 이후 역대 왕들에 의해 수차례 증축과 개축을 거쳐 현재의 거대한 성으로 발전했습니다. 성에는 300개의 벽난로와 400개의 시계가 있으며, 성의 가장

높은 곳에 위치한 라운드 타워Round Tower는 윈저 들판을 한눈에 볼 수 있는 최적의 위치에 세워져 있습니다. 또한, 스테이트 아파트먼트State Apartment와 세인트 조지 성당St. George's Chapel 등이 있으며, 후자는 여왕 가족이 안장된 곳으로 유명합니다.

2차 세계대전 당시 윈저성Windsor Castle 주변은 런던과 달리 폭격 피해를 보지 않았습니다. 이유는 히틀러Adolf Hitler가 윈저성을 소유하고 싶어 했기 때문이었습니다. 이 정보를 알게 된 영국 왕실은 왕실 가족의 근거지를 윈저성으로 옮겼습니다. 전쟁 중 젊은 엘리자베스 2세Queen Elizabeth II 여왕을 포함한 왕실 가족은 윈저성의 모든 샹들리에Chandelier를 제거하고, 커튼으로 창문을 가려 빛이 밖으로 새어 나가지 않도록 했습니다.

윈저성은 역사적으로 여러 차례 화재를 겪었습니다. 1992년에 발

원저성, 롱 워크

생한 화재는 특히 큰 피해를 입힌 대형화재였으며, 1296년과 1853년에 있었던 화재와는 비교할 수 없을 정도였습니다. 이 화재는 누전으로 인해 커튼이 타면서 시작되었고, 200명 이상의 소방관이 15시간 만에 진화할 수 있었습니다. 화재로 소실된 아파트먼트 일부는 현재 새로 복원되어 있으며, 실내를 둘러보면 새로 복원된 곳을 쉽게 알아볼 수 있습니다.

윈저성에는 샐리포트Sallyport라는 지하터널이 있습니다. 이 터널은 성이 적에 의해 포위되었을 때 사용되는 탈출구 역할을 하는 비밀 통로로, 성 바깥쪽과 연결되어 있으며, 말을 타고 한 사람이 내려갈 수 있는 크기입니다. 윈저성은 영국 내에서도 가장 완벽한 성으로 알려져 있으며, 영국 역사상 세 번의 침략을 받았을 뿐입니다.

또한, 윈저성은 영국에서 가장 명예로운 기사들과 관련이 있는 곳으로, 세인트 조지 성당St. George's Chapel 내에는 이 기사들의 이름이 새겨져 있으며, 윈저성은 이러한 역사적이고 상징적인 의미를 지닌 장소로 오랫동안 기억될 것입니다.

가터 기사

에드워드 3세가 만든 '가터 기사 또는 가터 훈장Order of the Garter' 으로 불리는 작위입니다. 영국에 기사가 생긴 것은 11세기의 일입니다. 이후 기사의 수는 점점 증가해 귀족들은 이들과 차별화된 엘리트 기사가 필요하다고 느낍니다. 에드워드 3세도 같은 생각을 가지고 있던 차에 잉글랜드는 프랑스와 백년전쟁을 시작합니다. 프랑스로 출정을 떠나기 전 국왕은 전쟁에 가는 기사들에게 이기고 돌아오면 아서왕의 원탁의 기사 같은 잉글랜드 최고의 기사단을 만들겠다는 약속을 합니다. 초기 전쟁에서 잉글랜드는 인구가 5배나 많은 프랑스를 상대로 크레시Battle of Crécy와 푸아티에Battle of Poitiers 전투에서 승전합니다.

또한 한때 잉글랜드 영토였다가 빼앗긴 칼레를 되찾습니다. 1347년 에드워드 3세는 칼레에서 승전을 축하하는 연회를 열었습니다. 모두들 승리에 기뻐하며 춤을 추었고 그중에는 미모의 솔즈베리 백작 부인 조앤Joan도 있었습니다. 그녀는 격렬하게 춤을 추다 그만 그녀의 파란색 가터벨트가 흘러내린 것도 몰랐습니다. 바닥에 떨어진 가터벨트를 본 연회장에 있던 사람들이 조롱적인 웃음을 보이자 그녀는 창피한 마음에 얼굴을 붉히고 밖으로 나갑니다. 이를 지켜보던 에드워드 3세는 가터벨트를 자신의 무릎에 매고는 불어로 이렇게 말합니다. "악을 생각하는 자에게 수치를Honi soit qui mal y pense" 그리고 자신이 돌아가면 영국 최고의 기사단을 만들 것이고 그 상징은 바로 가터벨트가 될 것이라고 천명합니다. 에드워드 3세는 잉글랜드로 돌아와 1348년 윈저의 세인트 조지 성당에서 자신과 아들 흑태자를 포함한 25명에게 특별훈장을 내립니다.

　가터 기사단은 인원 정원이 있어 당시에는 왕을 제외한 24명만이 가터 기사가 될 수 있었습니다. 지금도 훈장에는 국왕이 가터벨트를 들어 올리면서 말했던 내용이 들어간 파란색의 훈장을 서훈합니다. 파란색이기 때문에 '블루리본'이라고도 불립니다. 가터벨트는 당시 남자도 착용하던 패션용품입니다. 가터 기사단은 일종의 명예직이며 국가에 크게 기여한 업적이 있어야만 받을 수 있는 700년이 넘는 역사를 가진 세계에서 가장 오래된 기사 작위입니다. 영국에서 국왕이 서훈하는 훈장은 가터훈장 외에 무공 군인에게 수여하는 '빅토리아 훈장Victoria Cross'과 인명구조 등 영웅적 행동을 한 군인이나 민간인에게 수여하는 '조지 십자훈장St. George Cross'이 있습니다.

　지금도 윈저성에서는 매년 6월에 기사단의 단장인 찰스 3세 국왕

10일간의 영국 일주 인문학 여행
·

아래 가터 기사단과 왕실 가족이 참여하는 '가터 데이' 행사를 진행합니다. 기사들은 파란색 벨벳 망토와 왼쪽 가슴에 가터 훈장을 달고 윈저성 안에서 행렬을 합니다. 지금도 윈저성 안의 세인트 조지 성당에 들어가면 가터 기사단 가문과 문장 깃발이 일렬로 정렬되어 있는 모습을 볼 수 있습니다.

윈저성Windsor Castle과 그 주변 지역에 관련된 재미있는 전설 중 하나는 '헤르네 더 헌터Herne the Hunter'의 이야기입니다. 윈저 숲 Windsor Forest과 그레이트 파크Great Park'에 나타난다는 유령입니다. 보통 헤르네라고 부르는데 이 이야기는 윌리엄 셰익스피어가 1597년에 쓴 희곡 "윈저의 즐거운 아낙네들The Merry Wives of Windsor"에 처음 언급이 됩니다. 이야기는 늙은 기사 폴스태프Falstaff가 두 명의 유부녀를 유혹하다 주변 사람들한테 조롱거리가 된다는 코메디입니다. 전설에 따르면 헤르네는 머리에 흉측한 뿔이 달려있고 초록색 망토를 휘날리면서 손에는 쇠사슬을 소리 내어 흔들고 밤마다 윈저 숲 참나무 사이를 돌아다닌다고 합니다. 그는 야생동물들을 괴롭히고 특히 소의 젖을 피로 바꾸는 무시무시한 괴물입니다. 지금도 윈저성 인근 숲에는 '헤르네의 참나무Herne's Oak'가 있습니다. 600년 넘게 있었던 참나무는 안타깝게도 폭풍우 속에 사라졌습니다. 숲에 있는 많은 참나무 중 한 그루에 표식이 있는데 1906년 빅토리아 여왕의 명으로 심어진 거대한 참나무가 지금도 있습니다.

이튼 칼리지(Eton College)

이튼 칼리지Eton College 또는 이튼 스쿨Eton School은 영국에서 가장 유명한 사립학교 중 하나로, 1440년 헨리 6세King Henry VI에 의해 설립되었습니다. 이 학교는 만 13세에서 18세 사이의 남학생을 대상으로 하는 중등 교육 기관으로, 그 역사와 전통이 깊은 학교 중 하나입니다. 이튼 칼리지는 특히 영국 왕실과 상류계층의 자제들이 다니는 것으로 유명하며, 졸업생 중 약 1/3이 영국의 명문 대학인 옥스퍼드University of Oxford나 케임브리지University of Cambridge로 진학하는 영국의 엘리트들을 양성하는 학교입니다.

모든 학생은 기숙사 생활을 해야 하며 수업에 참여하기 위해서는 연미복과 뻣뻣한 셔츠에 흰색 나비넥타이를 매야 하는 오랜 전통을 지금까지 유지하고 있습니다. 학교의 교훈은 "남의 약점을 이용하지 말라. 비굴하지 않은 사람이 돼라. 공적인 일에 용기 있게 나서라"입니다. 참고로 영국 사립학교 교훈 중에 유명한 문구가 하나 더 있습니다. 영국의 신학자며 교육자인 위컴의 윌리엄William of Wykeham이 설립한 사립학교 윈체스터 칼리지Winchester College의 교훈인 "Manners makyth man."입니다. "매너가 사람을 만든다." 란 뜻으로 해석되는 이 문구는 영화 〈킹스맨King's Man〉에서도 인용되어, 널리 알려지게 되었습니다. 또한 스팅Sting이 불러 히트했던 'English man New York'의 가사에도 나오는 문구입니다. 이튼 스쿨의 전체 학생은 1,300명입니다. 한 해에 보통 270명이 졸업하고 학

비는 약 6,300만 원이라고 합니다.

이 학교 출신 영국 수상이 18명이나 되고 경제학자 존 메이너드 케인즈John Maynard Keynes를 비롯해 문학가 중 《멋진 신세계》를 쓴 올더스 헉슬리Aldous Leonard Huxley, 《동물농장》, 《1984》의 작가 조지 오웰George Orwell, 〈007〉, 〈치키치키 뱅뱅〉의 원작자 이언 플레밍Ian Fleming, 등 영국의 유명한 인물을 다수 배출한 학교입니다. 의외의 인물 중 배우 출신도 몇 있는데 영화 〈어벤져스〉, 〈로키〉에 출연했 던 톰 히들스턴Tom Hiddleston, 〈사랑에 대한 모든 것〉을 통해 아카 데미 남우주연상을 수상한 에디 레드메인Eddie Redmayne, 데이미언 루이스Damian Lewis, 휴 로리Hugh Laurie, 도미닉 웨스트Dominic West 등 세계적인 배우들을 배출했습니다. 왕실 가족 중 이튼 출신은 윌 리엄 왕자와 해리 왕자를 비롯한 글로스터 공작과 켄트 공작이 있 습니다.

　학교는 과거부터 노블레스 오블리주Noblesse oblige를 실천하는 전통을 가지고 있다고 하는데 이 학교 출신들 중 두 차례의 세계대전에서만 전사한 인원이 2천 명이 넘습니다. 학교 안에는 이토니언 Etonian을 기리는 벽이 있습니다. 바로 이튼 출신들의 국가에 대한 희생을 기리는 의미로 만든 것입니다. 수업은 라틴어와 그리스어 외에 수학, 과학, 역사 등을 배웁니다. 또한 이 학교는 교과과정 중 체육활동의 비중이 상당히 높습니다. 영국의 명문학교들은 대부분 체육활동이 중요한 학교생활로 운영되어 있습니다. 축구, 크리켓, 럭비, 보트 등 다양한 스포츠 활동을 해야 합니다.

　이튼에는 스포츠와 관련된 전통이 하나 있습니다. 일명 '이튼 월 게임Eton Wall Game'인데 1717년 시작해 지금까지 이어오고 있는 전통입니다. 또 하나의 게임은 이튼 필드 게임이라고 합니다. 매년 세인트 앤드류의 날인 11월 30일 열리는데 보통 이때쯤 영국 날씨는 춥고 비가 내리는 날이 많기 때문에 경기장은 매년 진흙투성이가 됩니다. 폭 5m에 길이 110m가량 되는 담장을 사이에 둔 공간에서 상대팀에 공을 밀어 반대 영역을 통과시키면 되는 점수를 얻는 규칙입니다. 골대는 한쪽은 경기장 끝에 있는 나무 문이고 반대편은 끝에 옛날부터 서 있는 오래된 나무 한 그루입니다. 이 경기와 관련된 모든 것은 학생들이 주도적으로 이끌어갑니다. 이 게임에 참여했던 학생들 중에는 해리 왕자, 보리스 존슨Boris Johnson 영국 수상과 조지 오웰도 있었고 헤롤드 맥밀런Harold Macmillan도 있었습니다. 아쉽게도 1909년 이후 단 한 번도 점수가 난 적이 없다고 합니다. 그래도 매년 이 경기는 지속되고 있습니다.

서로 다른 여행 스타일

다큐 스타일

나름대로 여행 스타일을 몇 개의 타입으로 나눠봤습니다. 첫 번째 '다큐멘터리 투어' 스타일입니다. 이런 여행 스타일을 다르게 말하면 "왔노라 보았노라 찍었노라"입니다.

처음부터 끝까지 사진 찍기에 제일 바쁩니다. 예전 디지털카메라가 나오고 핸드폰으로 사진을 찍기 전에는 카메라와 필름이 해외여행에서 필수 장비였습니다. 사진을 못 찍는 사람들도 자동카메라 줄을 목에 걸고 다녔습니다. 관광지를 갈 때마다 사진 찍는 것에 목숨을 겁니다. 보통 필름을 10통씩 가지고 나가는데 24방짜리가 아닌 36방짜리 필름을 가지고 나갑니다. 그걸 다 찍으면 240장 내지 360장의 사진을 인화해야 합니다. 사실 그 정도 분량이면 어쩌면 10년 찍을 사진을 10일 만에 다 찍는다고 봐야 합니다.

모든 사진을 인화하면 여행 후 거실 바닥에 360장을 깔아 놓고 옆집 언니 윗집 동생들 불러서 자랑한다고 합니다. 유럽 여행 갔다 온 기념으로 주위 친구들이나 지인들한테 여행 조언도 해주고 후기를 늘어놓는 것입니다. 그러다 친구가 물어봅니다. "여기 어디야?" 그럼 이렇게 대답합니다. "유럽!" "여긴 어디야?" 그에 대한 대답도 동일합니다. "유럽!" 왜냐하면 사진만 잔뜩 찍었지 거기가 어딘지 구분이 안 되기 때문입니다. 유럽을 몇 개국을 갔다 오긴 했는데 어디서 찍은 사진인지는 도저히 구분이 안 되는 것은 당연합니다. 모두 비슷하게 생긴 석조건물에 교회 건물이 대부분이고 간판도 작고 글씨는 읽을 수도 없기 때문입니다. 그래서 다큐멘터리 투어 스타일 사람들은 사진으로 기록은 남겼지만 그 기록에 대한 구분은 안 되는 것입니다.

이런 타입의 관광객은 이동해 다른 관광지에 가면 꼭 물어보는 것이 있습니다. "여긴 어디예요?" 보통 한 관광지에 도착하면 가이드는 사람들을 모아놓고 그곳에 대한 설명을 합니다. 짧든 길든 어느 정도 설명을 끝내고 사진 찍는 시간을 줍니다. 그런데 다큐 스타일의 사람은 사람들이 몰리기 전에 증명사진을 찍어야 합니다. 따라서 설명할 때 열심히 사진 찍고 남들 사진 찍을 시간에 가이드한테 와서 물어봅니다. 그리고 다음 장소로 이동해 똑같이 물어봅니다. "여긴 어디예요?"

셀럽 스타일

여행을 하다 보면 여러 재미가 있습니다. 새로운 경험과 문화를 접하게 되고 처음 먹어보는 음식에 맛이 있든 없든 또는 입에 맞지도 않지만 한국에서 먹어보지 못한 음식을 먹어보는 경험은 그 나라가 아니면 느낄 수 없는 경험입니다. 또 하나 여행의 재미는 쇼핑입니다. 소소한 기념품을 사고 그 나라만의 특산품을 사는 것은 여행에 있어 꼭 필요한 재미입니다. 물론 오래전처럼 냄비를 사 들고 돌아가는 경우는 거의 없습니다. 예전처럼 명품을 구입해야 여행경비를 뽑는다고 생각하는 사람은 없으니까요. 그렇지만 여행에 있어 이것저것 물건을 사는 것은 그야말로 여행에 있어 또 하나의 즐거움은 맞습니다.

그런데 마치 쇼핑하러 유럽에 왔다고 느낄 정도로 목숨 걸고 다니는 사람들도 있습니다. 물론 필요에 의해서 명품이든 구입하는 것은 있을 수 있습니다. 셀럽 스타일의 사람들은 참 신기한 행동을 보입니다. 보통 관광지에 가서 가이드가 그곳에 대해 그 유물에 대해 배경이든 역사든 설명할 때는 전혀 관심이 없다가 그 관광지의 마지막 기념품점에 들어서는 순간 눈빛이 달라지고 집중력은 눈에서 광선이 나온다고 표현할 만큼 특별합니다.

셀럽 스타일이 나쁜 것은 절대 아닙니다. 이런 재미를 특별하게 좋아하는 타입일 뿐입니다. 자석이나 종, 티스푼 등 여행을 오래 하다 보면 자신만의 수집을 시작한 사람들이 의외로 많이 있습니다. 어떤 관광지를 가든 공통적으로 있는 상품들이 그런 것들입니다.

슬리핑 스타일

공항에 도착해서 공항에 갈 때까지 거의 잠만 자는 스타일입니다. 물론 차 안에서 말입니다. 차만 타면, 머리에 뭐든 닿으면 잔다는 사람들이 있습니다. 정말 있습니다. 처음부터 끝까지 거의 차만 타면 자는 사람들입니다.

시차 때문이라고 얘기하는데 보통 일정의 반 정도 지나가면 시차는 어느 정도 적응이 됩니다. 그런데 이런 타입의 사람은 계속 잡니다. 신기하게도 잡니다. 차에서 내리면 물론 다른 사람들하고 어울리고 사진 찍고 식사하러 가면 맛있게 식사도 하고 똑같이 행동하는데 차에 타면 다시 잡니다. 그러다 보니 차 안에서 가이드가 설명해 주는 역사나 그 나라의 여러 가지 얘기들은 듣지 않습니다. 본래 차만 타면 자는 스타일일 가능성이 가장 높은데 참 신기합니다. 그리고 참 잘 잡니다.

드링킹 스타일

가끔 공무원들이 단체로 오는 경우가 있습니다. 최근에는 예전처럼 그렇진 않지만 예전에는 이런 단체가 유럽에 오면 식사 때마다 그리고 호텔 방에서 밤새 술을 마시곤 했습니다. 그럼 이들은 한국에서 출발할 때 얼마만큼의 소주를 가져갈까요? 많은 경우에는 팩소주 100개 이상을 가져갑니다.

만약 20명이 출발한다면 한 명이 하루에 팩소주 1개씩을 마실 경우 하루에 20팩씩, 10일을 다니면 200팩의 소주가 필요합니다. 그럼 하루에 팩소주 한 개씩만 마실까요? 아니죠, 팩소주는 용량이 160㎖입니다. 소주 한 병이 380㎖이니 술을 잘 드시는 분이라면 4분의 1 정도밖에 안 되는 팩소주로는 아무래도 모자랄 것입니다. 그러다 보니 200팩이 아니라 300팩까지 가지고 나가는 것입니다.

이런 팀은 다행히 가져간 소주를 다 마시지 못하는 경우가 많습니다. 준비성이 좋아서 충분히 가지고 나갔지만 현지에서 맥주도 많이 마시고 하니까요. 그래서 운 좋은 가이드는 전리품으로 팩소주를 100개 이상 받기도 합니다. 너무 무거워서 공항에서 택시로 집에 갑니다. 그리고 며칠 지난 후 가이드들이 모임이 있으면 전리품을 나눠주는 아량을 베풀어 주기도 합니다.

여행하면서 가장 실수를 많이 하는 사람들이 바로 드링킹 스타일입니다. 웃지 못할 해프닝도 바로 이 스타일에서 발생하곤 합니다. 예를 들면 호텔마다 다르긴 하지만 어떤 호텔에는 비데가 설치되어 있습니다. 비데 옆에는 얇은 수건이 걸려 있는데 그건 바로 비데를 하고 난 다음 뒤처리를 하는 수건입니다. 어떤 사람이 아침 식사 자리에 그 수건을 목에 걸고 내려온 적이 있는데 물론 술김에 그런 것은 아니지만 꼭 그런 실수를 하는 부류는 이쪽 사람들에서 종종 발생하곤 합니다. 이런 스타일에서 심한 경우는 물병에 소주를 담아 종일 들고 다니며 마시기도 하니까요. 아침에 일어나지 못해 방까지 가서 깨우는 경우도 여러 번 있었고요.

Day 9 /

멀고도 가까운 왕실 탐험

- 런던

런던은 세계적인 국제도시로, 유럽에서 가장 중요한 도시 중 하나로 꼽힙니다. 역사와 문화, 예술이 살아 숨 쉬는 이 도시는 다양한 볼거리와 즐길 거리로 가득 차 있어, 방문객들에게 잊지 못할 경험을 선사합니다. 런던을 방문할 때 꼭 봐야 할 명소로는 버킹엄 궁전Buckingham Palace, 웨스트민스터 사원Westminster Abbey, 국회의사당Parliament, 빅벤Big Ben, 타워 브리지Tower Bridge, 런던 타워Tower of London, 국립미술관National Gallery, 그리고 영국박물관British Museum 등이 있습니다. 이 외에도 런던에는 볼 만한 것들이 너무나도 많아 일주일 동안 머물러도 모든 것을 경험하기에는 부족할 정도입니다.

런던의 또 다른 큰 매력 중 하나는 바로 공연 문화입니다. 특히 런던 웨스트엔드West End는 뮤지컬 공연으로 유명한 지역으로, 매일 밤 수많은 관객이 다양한 공연을 관람하기 위해 모입니다. 저녁 시간이 되면, 극장 앞에서 공연을 보기 위해 줄을 서 있는 사람들의 모습을 쉽게 볼 수 있으며, 런던에서 뮤지컬 한 편을 관람하는 것은 방문객들에게 추천되는 필수 경험 중 하나입니다.

런던은 그야말로 다채로운 문화와 역사, 예술을 한눈에 볼 수 있는 도시로, 세계 3대 도시 중 하나로 꼽힐 만큼 그 가치를 인정받고 있습니다. 런던을 방문한다면 위에서 언급한 명소들을 중심으로 시내 투어를 통해, 런던의 매력을 한껏 느낄 수 있습니다.

런던의 이름 유래는 로마 시대로 거슬러 올라가며, 로마인들이 이곳을 '론도니엄Londinium'이라고 불렀다는 사실에서 시작됩니다. BC 55년경 로마인들이 템즈강을 통해 이 지역에 들어와 요새를 세우고, 그 자리에 런던성을 만들었습니다. 이후 로마제국이 영국에서 철수

한 뒤, AD 886년에는 알프레드 대왕 Alfred the Great 에 의해 도시 재건이 이루어졌으며, 윈체스터를 이어 런던을 주요 도시로 발전시켰습니다. 노르망디 공 윌리엄 William the Conqueror 이 잉글랜드를 점령하고 런던에서 대관식을 올림으로써, 런던은 번영의 길로 접어들었습니다.

런던의 역사 중 특이한 전통으로는 1211년 왕실과 런던시 사이에 체결된 토지 임대 계약이 있습니다. 이 계약에 따라 런던시는 현재까지도 왕실에 토지 임대료를 지불하고 있으며, 해당 토지는 런던에서 약 240km 떨어진 슈롭셔 Shropshire 의 브릿지노우스 Bridgnorth 지역 남쪽 어딘가에 위치하고 있다고 알려져 있습니다. 하지만 계약서에는 정확한 위치가 명시되어 있지 않고 '무어 Moor'라고만 기록되어 있어, 그 정확한 위치는 오늘날까지도 아무도 모르는 미스터리로 남아 있습니다. '무어'라는 단어는 황야지대를 의미하는데, 이는 계약

내용이 매우 추상적일 뿐만 아니라 임대료 지불하는 물건들에 대한 규정도 계약서에 나열되어 있는데 칼, 도끼, 편자 6개, 못 61개로 흥미롭습니다. 지금까지 매년 런던시는 왕립사법재판소Royal Courts of Justice에서 임대료를 지불하고 있습니다. 도끼는 날카롭게 날을 세운 것이라는 추가 규정이 있어 장작을 쪼개는 의식을 거친 후 도끼의 날 상태를 확인하고 나서 지불한다고 합니다.

또 한 군데 런던시가 왕실로부터 토지를 임대한 곳이 있습니다. 1235년 런던 시내 중심에 위치한 스트랜드Strand 근처 어딘가에 있는 작은 땅입니다. 이 땅은 중세 때 대장간으로 사용했던 땅인데 기사들의 갑옷을 수리하던 곳이라고 합니다. 이 땅에 대한 임대료는 6개의 말발굽과 61개의 못을 지불합니다. 이 두 가지의 임차계약과 임대료 지불은 역사상 가장 오래된 임차계약이고 그에 대한 지불도 가장 오랜 기간 지불하고 있다고 합니다.

런던은 인구 900만의 대도시로서 세계 각국의 문화와 언어를 쓰고 있는 도시입니다. 런던시 안에는 또 다른 시가 있는데 그것은 바로 '시티City'입니다. 오리지널 런던이라고 할 수 있는 지역으로서 런던의 시작은 바로 동쪽에 위치한 시티입니다. 그 런던이 확장되면서 현재 웨스트민스터Westminster를 넘어 광범위한 지역이 되었고 실질적으로 가장 번화가는 웨스트민스터 지역입니다. 런던은 32개의 자치구로 형성되어 있습니다. 참고로 런던아이는 런던시의 32개 자치구를 상징하는 캡슐이 같은 숫자인 32개입니다.

버킹엄 궁전

　버킹엄 궁전Buckingham Palace은 국왕이 생활하는 궁전으로 1703년 버킹엄 공작 존 셰필드John Sheffield의 사저였던 건물을 1761년 조지 3세George III 국왕이 사들여 전체적으로 증개축 및 보완을 하여 1837년 빅토리아Victoria 여왕이 대관식을 하고 처음 궁전으로 사용하기 시작했습니다. 그 이후 현재까지 국왕의 공식 직무와 주거공간으로 쓰고 있으며 영국 왕실의 상징적 건물입니다.

　그 규모는 17만㎡의 면적에 호수를 끼고 있는 정원과 음악당, 미술관 접견실 및 도서관 등을 갖추고 있으며 심지어 내부에 소방서가 따로 있다고 합니다. 건물의 규모는 19개의 국빈실, 52개의 왕실 및 게스트 침실, 188개의 직원 숙소, 92개의 사무실, 78개의 욕실을 갖추고 있습니다. 버킹엄 궁에 근무하는 왕실 직원 수는 총 450명이 있는데 그중 왕실 가족을 보필하는 집사만 50명입니다. 궁전에 매년 초대되는 인원만 4만 명에 이른다고 합니다. 궁전 앞에서는 여름철을 제외하고 매일 오전 11시에 열리는 근위병 교대식Changing of the Guard이 관광객들에게 큰 볼거리를 제공합니다. 궁전은 공원으로 둘러싸여 있으며 궁전 앞에 있는 원형광장 양쪽으로 그린파크와 세인트 제임스 파크가 있으며 뒤쪽에는 하이드파크가 자리하고 있습니다.

　빅토리아 여왕이 처음 이 궁전에 입주했을 때는 여러 가지 문제점이 많았다고 합니다. 너무 더럽고 불편했습니다. 하물며 굴뚝의 연

기가 너무 많이 나서 벽난로조차 사용이 어려워 왕실 가족들이 추위에 고생했다고 합니다. 그런 문제들을 개선한 사람은 바로 여왕의 남편 알버트 공Prince Albert of Saxe-Coburg and Gotha입니다. 빅토리아 여왕과 알버트의 금실은 아주 유명합니다. 심지어 여왕이 알버트가 죽고 나서 모든 국정을 손 놓고 버킹엄 궁전을 떠나 윈저성에 거주하며 시름에 빠져 있었다고 합니다. 한동안 궁전은 비어 있었고 이에 국민들이 여왕을 모독하는 글을 궁전 벽에 게재하는 사태까지 발생합니다. 이 사실을 들은 여왕은 다시 런던으로 돌아오게 됩니다.

여왕은 진정 알버트를 사랑했습니다. 처음 그들이 맞선을 본 것은 1836년입니다. 알버트는 자신의 고모 켄트 공작Duke of Kent 부인을 만나기 위해 영국에 건너옵니다. 켄트 공작 부인은 빅토리아 여왕의 어머니입니다. 첫 만남부터 빅토리아 여왕이 알버트를 마음에 두며 이런 표현을 했다고 합니다. "푸른 눈에 아름다운 코, 하얀 치아."

결혼하고 나서 여왕은 알버트를 죽고 못 살 만큼 좋아하는 것 같은데 알버트는 여왕에게 시큰둥해 보인다고 궁전 시종들이 수군댈 정도였습니다. 그러나 알버트는 독일인답게 이성적이고 차분하게 설명하며 짜증쟁이 여왕을 달래기도 하고 훈계하기도 했다고 합니다. 그래도 여왕은 분이 안 풀렸는지 궁전 내에서 알버트 뒤를 졸졸 쫓아다니며 소리를 지르고 불만을 토로했다는데 이러한 상황을 마무리했던 것은 알버트였습니다. 이럴 때는 보통 알버트가 더 큰 소리로 "그만!!"이라고 소리치고 줄행랑을 쳤다고 합니다. 어쨌든 부부싸움이 잦았지만 알버트에 대한 사랑은 그가 죽고 난 후 검은 상복을 입고 국정을 보았고 애도 기간이 지난 뒤에도 검정 옷을 입었을 정도로 상당했다고 합니다.

결혼 초에 첫 부부싸움을 했을 때, 여왕이 알버트를 찾아가 문을 두드리자 그가 "누구요?" 하자 여왕은 "나는 왕이오. 문을 여시오!"라고 대답했고, 문을 열어주지 않자 다시 문을 두드리고 똑같이 누구냐고 물어보자 "나는 영국 여왕이오, 문을 여시오!!"라고 더 큰 목소리로 남편에게 명령했다고 합니다. 마지막 문을 두드리고 나서는 "나는 당신의 아내입니다."라고 대답하자 알버트가 문을 열어줬다고 합니다. 그가 부부간의 기선을 제압했다고 하지만 여왕의 불같은 성격은 오랜 시간 지속되었습니다.

외국인이었던 알버트는 국회나 귀족들 사이에서도 제대로 대접받지 못했습니다. 여왕은 남편의 지위 때문에 의회와 끊임없이 대립했습니다. 보통 왕실 직계가족과 결혼하면 HRH His Royal Highness 호칭을 받는데 그것 외에 알버트는 아무 작위나 공직도 받지 못했습니다. 그에게 여왕의 배우자The Prince Consort 칭호를 받는 데도 17년이 걸렸다고 합니다. 어쨌든 알버트는 1851년 세계 최초로 만국박람회를 개최하는 데 주도적인 역할을 했습니다. 현재에도 켄싱톤 가든에 '알버트 메모리얼'이 있으며 길 건너에는 영국의 가장 권위 있는 공연홀인 '알버트 홀Albert Hall'이 자리하고 있습니다. 부부 이름을 딴 '빅토리아 알버트 박물관Victoria and Albert Museum'도 있으니 역사상 가장 위대하고 유명한 왕실 부부입니다.

버킹엄 궁전을 보고 세인트 제임스 공원을 지나 웨스트민스터 사원Westminster Abbey까지는 걸어서 15분 정도 소요되며 사원에서 국회의사당까지 역시 걸어서 이동하기 좋습니다.

웨스트민스터 사원

잉글랜드 웨식스 왕조의 에드워드 참회왕Edward the Confessor, 1003~1066은 왕좌에 오르기 전인 1013년 덴마크의 잉글랜드 침공으로 인해 프랑스 노르망디 지방으로 망명 생활을 합니다. 그는 깊은 신앙심은 있었지만 정치에는 별 관심이 없었다고 합니다. 1042년 왕위에 오른 그는 노르망디 망명 중 로마 순례를 하나님께 서약했고 왕이 되자 자신의 약속을 지키기 위해 순례를 추진하지만 나라가 안정되지 않은 상황에 순례를 떠난다는 것에 귀족들이 반대하며 들고일어납니다. 그러자 당시 교황인 레오 9세Leo IX는 로마 순례를 접고 런던에 수도원을 지어 빈민을 구제하라고 조언합니다. 이에 그는 성당 부속건물이던 수도원 건물을 증축하기 시작합니다. 그 건축이 현재의 웨스트민스터 사원입니다. 그가 죽고 나서 아들 헤럴드 2세Harold II가 즉위하지만, 프랑스 땅에 있던 노르망디 공인 윌리엄이 잉글랜드를 침공해 '정복왕' 윌리엄 1세가 됩니다. 윌리엄은 에드워드 왕이 새로 증축한 웨스트민스터 사원에서 역대 왕 중에서 처음으로 성대한 대관식을 치릅니다.

역대 영국 국왕들이 잠들어 있는 웨스트민스터 사원은 성공회의 대표성을 가지고 있습니다. 주교좌성당에 준하는 위상을 가지고 있으며 왕실 성당이기도 합니다. 성공회 런던교구의 주교좌성당은 세인트 폴 대성당St. Paul's Cathedral입니다. 또한 파리의 노트르담 대성당Notre Dame Cathedral과 함께 세계에서 가장 대표적인 고딕양식 건

축이라고 할 수 있으며 왕실의 결혼식과 장례식 등을 이곳에서 치릅니다. 다만 찰스 3세 국왕과 사망한 다이애나비의 결혼식은 세인트 폴 대성당에서 행했습니다.

웨스트민스터 사원에 잠든 위인들

사원에는 역대 국왕뿐만 아니라 영국의 위대한 인물들이 여럿 잠들어 있습니다. 그중 아이작 뉴턴Sir Isaac Newton 경이 잠들어 있습니다. 케임브리지대학 교수였던 그는 수학자이며 신학자 그리고 종교학자이기도 했습니다. 역사상 가장 위대한 지성인이라 부르는 그는 미분 적분을 창시했고 관성질량, 질량의 법칙, 빛의 광학을 통해 빛의 성질에 대한 정의, 가장 잘 알려진 업적인 만유인력을 정리한 사람입니다. 1687년 그는 《프린키피아원제: Philosophiæ Naturalis Principia Mathematica》를 발표합니다. 인류 역사상 가장 중요한 저작 중의 하나라고 하는 이것은 현재 원본이 영국왕립학회에 보관되어 있습니다. 달은 왜 지구로 떨어지지 않는가를 고민하다 우주가 어떻게 작동하는지를 설명하는 자연철학의 수학적 원리를 쓴 책입니다.

그는 그램섬Grantham 학교를 다녔는데 졸업 후 다행히 케임브리지 대학에 입학을 하게 됩니다. 기하학이 뭔지도 모르고 수학도 잘 못하는 평범한 학생이었던 그가 평범한 학생에서 천재로 변모하게 되었던 것에는 두 가지 원인이 있었다고 합니다. 첫 번째는 훌륭한 교수와의 만남입니다. 그의 교수였던 아이작 배로Isaac Barrow는 뉴턴에게 여러 혜택을 베풀어 주었습니다. 또 하나는 흑사병 창궐입니다. 흑사병이 기승을 부리던 시기 울즈소프Woolsthorpe 고향 집으로 돌아가 2년간 머물며 많은 생각과 위대한 정리를 합니다. 젊은 뉴턴은 22살부터 2년간 그의 인생에서 가장 큰 업적들을 대부분 이 시기에 정리합니다. 만유인력의 법칙, 역학, 광학, 미분 적분을 모두 그

뉴턴 묘

시기에 만들어 낸 것입니다. 나이가 들어 발표한 것들도 많이 있지만, 대부분 이 시기에 연구가 끝난 것들이라고 합니다.

그가 자신의 스승을 뛰어넘는 데 채 10년도 걸리지 않았습니다. 1669년 케임브리지 입학을 도와준 지도교수를 이어 입학한 지 10년째에 루커스 수학 석좌교수Lucasian Chair of Mathematics가 됩니다. 이 직책은 헨리 루커스Henry Lucas가 1663년 찰스 2세 국왕으로부터 승인받아 만들어진 직책입니다. 루커스는 죽기 전에 소장하고 있던 4,000권의 책을 도서관에 기증하고 자신 소유의 부동산과 매년 나오는 이자소득 100파운드를 교수기금으로 기부합니다. 다만 조건을 하나 걸었는데 석좌교수는 성직을 금하는 것을 당부했습니다. 케임브리지대학의 모든 교수는 성직을 겸해야 했는데 오직 이 직책만큼은 성직을 겸하지 않았습니다. 뉴턴도 이 직책을 맡고 나서 성직을 겸하지 않았다고 합니다.

뉴턴은 물리학자며 수학자이긴 했지만 대부분의 연구 활동은 오히려 연금술과 성경에 집중되어 있습니다. 그의 노트를 보면 90% 이상이 이런 것들에 대한 기록이 더 많았습니다. 그는 영국 조폐국 국장을 25년이나 지냈습니다. 동전에 톱니를 만들기 시작한 것도 그의 제안이었는데 당시 동전을 깎아 팔거나, 하나의 동전을 더 만들어 내는 것을 방지하기 위해 톱니를 개발한 거라고 합니다.

그가 조폐국에 들어가게 된 것도 지인이었던 재무장관 찰스 몬테규 Charles Montague가 돈은 많이 버는데 할 일이 없는 조폐국 감사 자리를 추천해 준 덕분이었습니다. 그러나 뉴턴은 잠자는 시간 빼고는 조폐국 업무에 몰두해 있었고 심지어는 국장이 되고 싶어 주변 정치인들에게 청탁을 하는 등 의외의 행동을 보였다고 합니다. 더구나 화폐 위조범을 잡기 위해 변장해서 정보원들과 펍에서 직접 접선하는 등 엉뚱한 행동들까지 했다고 합니다. 결국 그는 그렇게 원했던 국장 자리에 올라갑니다. 그런데 자신의 정치적인 로비나 주변의 도움이 전혀 없이 전임 국장이 알코올 중독으로 시름시름 앓다가 사망하는 바람에 자연스럽게 국장에 임명됩니다.

뉴턴은 한때 국회의원 생활도 합니다. 대학 대표자의 위치로 국회에 진출했는데 국회 회의록에 적힌 그의 발언은 딱 한 번 "창문 좀 열어 주세요. 답답해 죽겠어요."라고 합니다. 어떤 사람은 반대로 "바람 들어오니 창문 좀 닫아 주세요."라고 했다는데, 어쨌든 너무 게을러서 연금술을 연구하며 남은 수은을 따로 모아 버리지 않고 창밖에 대부분 버렸다는 일화가 전해질 정도로 여러 가지 의외의 모습이 있었습니다. 내성적인 성격 탓에 하숙집 주인의 딸을 흠모했지만 고백도 못 하고 평생 혼자 살았고, 물론 동정을 간직한 채 생을 마감합니다. 뉴턴은 영국 국민을 대상으로 설문조사를 하면 항상 '위대한 영국인' 5위 안에 들어가는 인물입니다.

그 외에도 사원에 안장된 인물들은 시계 제조공이며 발명가이자 물리학자 조지 그레이엄George Graham, 기차를 만든 조지 스티븐슨George Stephenson, 영국 일주를 하며 여러 차례 등장했던 건축가 조지 길버트 스콧George Gilbert Scott, 생물학자 진화론의 찰스 다윈Charles Robert Darwin, 물리학자 스티븐 호킹Stephen Hawking, 〈거지 오페라〉를 통해 영국에 새로운 바람을 일으킨 극작가 존 게이John Gay, 〈메시아〉를 작곡한 음악가 헨델George Frideric Handel, 위대한 햄릿 역을 했던 배우 데이비드 가릭David Garrick, 근대 영어사전을 최초로 펴낸 시인이자 평론가 사무엘 존슨Samuel Johnson, 《올리버 트위스트》, 《크리스마스 캐럴》의 작가 찰스 디킨스Charles Dickens, 《광란의 무리를 떠나서》, 《이름 없는 주드》 등을 발표한 빅토리아 시대 소설가 토머스 하디Thomas Hardy, 영국 초대 국립극장장이며 배우이자 연출자며 영화배우였던 로렌스 올리비에Laurence Kerr Olivier도 잠들어 있습니다. 그는 셰익스피어 극단에서 활동했으며 영화 〈폭풍의 언덕〉에서 히스클리프 역으로 출연하기도 했습니다. 사원 안에는 윌리엄 셰익스피어 흉상이 있는데 그는 지금도 바닥에 있는 올리비에의 비석을 연민 어린 표정으로 내려다보고 있습니다. 그도 그럴 것이 올리비에는 역사상 가장 위대한 햄릿을 연기했던 배우였다고 하니 자신의 희곡을 가장 위대하게 연기한 그를 존경할 만합니다.

사원 안에 들어가면 가장 먼저 보이는 것이 있는데 윈스턴 처칠 Winston Churchill의 비석입니다. 그는 말보로 공작Duke of Marlborough의 자손입니다. 노벨문학상을 받은 영국의 위대한 정치인이자 2차 세계대전을 승전으로 이끈 영국의 수상입니다. 그가 사망했을 때 그의 장례식을 이 사원에서 치렀고, 의회에서도 그를 사원에 모시는 것이 합당하다고 생각했으나 그는 죽어서도 정적들과 다투고 싶지 않다며 가족묘로 가기를 원했다고 합니다. 따라서 그의 무덤은 현재 자신의 부모 곁에 묻혀 있습니다. 그러나 이 위대한 수상을 사원에 모셔야 한다는 여론과 의회의 의견들로 인해 정문과 무명용사의 무덤 사이에 가묘를 만들어 놓은 것입니다. 석판에는 "윈스턴 처칠을 기억하라"고 새겨져 있습니다.

사원 입구를 들어서면 바로 처칠의 가묘 석판에 이어 빨간색 꽃으로 장식된 무덤이 있습니다. 바로 '무명용사 무덤'입니다. 1920년 11월 11일 안장된 병사의 무덤인데 1차 세계대전 중 전사한 육군 병사 중 한 명을 선정해 안치했습니다. 국가를 위해 싸우다 희생한 수많은 장병들을 대표해 매장한 것인데 전쟁 후 수습된 여러 유해 가운데 신분이 불분명한 유해들 중 선정한 것입니다. 그 선정 과정 또한 의외의 방법이었습니다. 관에 안치된 유해들을 정렬해 놓고 장교 한 명이 눈을 가리고 그 유해들 사이를 다니다가 한 유해의 관에 손을 얹어 선정했다고 합니다. 이 무명용사의 비석 가까운 기둥에는 그가

멀고도 가까운 왕실 탐험 – 런던

241

대표로 받은 훈장이 전시되어 있으며 전쟁에서 목숨을 잃은 모든 영국군의 상징이며, 그들을 기리기 위해 만든 것입니다. 보통 성당 안에 다른 비석들은 밟고 지나가도 무관하지만, 이 무명용사의 비만큼은 절대 밟지 않습니다. 왕실의 장례식을 진행할 때 관을 운구하는 모습을 보면 이 비석을 피해 지나갈 만큼 왕실조차 그 약속을 엄격히 지키고 있습니다.

또 하나의 이 무덤과 연관된 전통이 있는데, 1923년 조지 6세가 결혼식을 할 때 신부 엘리자베스가 1차 세계대전에서 전사한 오빠 퍼거슨Ferguson을 추모하기 위해 무명용사의 무덤에 부케를 올려놓았습니다. 이것이 전통이 되어 왕실 결혼식을 사원에서 진행할 때면 신부의 부케를 이 무덤에 올려놓는 것이 하나의 관례가 되었다고 합니다. 2011년 윌리엄William과 케이트 미들턴Kate Middleton의 결혼식 때도 부케를 바로 이 무덤 위에 가지런히 올려놓았습니다.

국회의사당

국회의사당이라고 말하지만 공식명칭은 '웨스트민스터 궁전Palace of Westminster'입니다. 그 안에 국회의사당Houses of Parliament이 있는 것입니다. 건물의 전체 길이는 287m이고 실내에는 총 1,100개의 방이 있으며, 100개의 계단과 4.8km의 복도가 존재합니다. 건물 안에는 엘리자베스 2세 유해를 보관하며 참배객을 맞았던 웨스트민스터 홀이 있으며 건물과 연결된 시계탑이 '빅벤Big Ben 입니다. 초기 국회의사당 건물 자리에는 1066년 최초로 왕이 살던 궁전이 세워졌습니다. 현존건물은 1834년 건축가 찰스 베리Charles Barry와 오거스터스 퓨진Augustus Pugin에 의해 신고전주의 양식의 모습으로 완성되었습니다.

멀고도 가까운 왕실 탐험 – 런던

의사당 건물 중 가장 높은 타워가 빅토리아 타워입니다. 높이가 98.5m에 달하며 건물의 서남쪽에 세워져 있습니다. 이 타워는 12층 높이에 철재로 제작된 선반에 3백만 개의 의회 문서들을 보관한 기록 보관소로 사용하고 있습니다. 타워 맨 위에는 22m 크기의 깃대가 설치되어 있습니다. 평소에는 영국 국기를 걸어 놓고 국왕이 의회에 있을 때는 왕의 문장이 그려진 깃발을 걸어 놓습니다. 우리가 흔히 빅벤이라고 부르는 타워는 바로 시계탑입니다. 2012년부터는 '엘리자베스 타워Elizabeth Tower'로 공식 명칭이 제정됐지만 보통 빅벤으로 통용되는 타워입니다. 높이는 96m이고 타워 위쪽은 사방에서 볼 수 있는 거대한 시계가 설치되어 있습니다. 13.5톤에 달하는 종이 달려있으며 그 종을 만든 사람이 벤자민 홀Benjamin Hall이었고 그 애칭을 따서 빅벤으로 불리기 시작했습니다. 시계의 시침이 2.7m, 분침이 4.3m이고 15분에 한 번씩 종을 치며 매 정시에 그 시간만큼 종을 칩니다.

내부에는 국왕의 대기실, 상원과 하원의 회의장이 있는데 상원회의장의 의자는 마주 보고 앉는 형태로 붉은색으로 되어 있고 하원회의장은 녹색입니다. 그리고 의사당 건물의 템즈강 쪽을 보면 붉은색 지붕과 녹색의 천막지붕으로 설치된 것을 볼 수 있습니다. 붉은색은 상원의 상징이고 녹색을 하원을 상징하고 있습니다.

상원의 정식 명칭은 그레이트브리튼 및 북아일랜드 연합왕국의 명예로운 성직자 및 세속귀족들The Right Honourable the Lords Spiritual and Temporal of the United Kingdom of Great Britain and Northern Ireland in Parliament assembled입니다. 구성원은 성직귀족이 25명, 세습귀족 792명의 정원을 가지고 있습니다. 상원은 하원이 발의한 법안에 대한

구속력은 없지만 하원에 대해 법안을 좀 더 숙고할 수 있게는 할 수 있습니다. 상원의 권한은 그것 외에는 위원회 구성만 할 수 있을 뿐입니다. 국회의 모든 권한은 하원에 있기 때문에 명예직이며 종신직입니다. 구성원은 의장이 1명이고 성직귀족은 주교 26명이며 모두 성공회 고위 성직자며 여당 소속입니다. 세습귀족은 보수당이 262석으로 가장 많고 노동당이 171석, 중립이 187석입니다. 그 외에 자유민주당 등 나머지 소수정당에 속해 있습니다. 상원의 의장은 '로드 스피커Lord Speaker'라고 부릅니다. 가운데 큰 소파에 앉으며 그 뒤에는 국왕이 앉는 의자가 있습니다.

하원은 총 650명이 정원입니다. 선거를 통해 선출되는 국회의원으로 보통선거와 소선거구제 시스템을 가지고 있습니다. 정식 명칭은 그레이트브리튼 및 북아일랜드 연합왕국의 명예로운 평민들The Honourable the Commons of the United Kingdom of Great Britain and Northern

Ireland in Parliament assembled 입니다. 의석 비율은 북아일랜드, 스코틀랜드, 웨일즈에 비해 잉글랜드가 수적으로 우세합니다. 전체의 82%가 잉글랜드 지역구 의원들입니다.

국왕은 하원에 들어가지 않습니다. 따라서 국회 개원 때 국왕은 상원에서 연설하는 것이 관례입니다. 만약 국왕이 하원에 들어가는 경우는 단 하나 의회해산 선포입니다. 역사적으로 국왕의 의회해산은 몇 차례 있었습니다. 국왕은 원하면 의회를 해산할 수 있는 권한을 가지고 있습니다. 국왕이 의회해산에 대한 조서를 의장석에서 낭독하면 그때부터 바로 의회는 해산됩니다. 앤 여왕은 하원에 가서 두 차례 의회해산을 한 적이 있고, 빅토리아 여왕도 한 차례 해산시킨 적이 있습니다. 하원의원이 귀족작위를 받는다면 즉시 의원의 자격은 상실되며 하원의원의 피선거권도 없어집니다. 그렇기 때문에 상원의원, 즉 귀족은 수상이 될 수 없습니다.

하원은 여당과 야당이 마주 앉아 회의를 진행합니다. 의장석을 기준으로 오른쪽은 여당, 왼쪽은 야당이 앉습니다. 가운데 큰 테이블이 있고 그 위에는 공문서 송달함이 있습니다. 테이블 위에는 또 하나의 상징물이 있는데 '로열 메이스'입니다. 국왕을 상징해 놓는 것인데 보통 의장이 입장할 때 수위관이 어깨에 메고 들어옵니다. 메이스를 테이블 위에 놓아야만 토론을 진행할 수 있고 의회에서 통과된 의결서의 법적 효력을 지니게 됩니다. 의원 수가 650명인데 반해 좌석에 앉을 수 있는 최대인원은 476석입니다. 나머지는 좌석이 없기 때문에 서서 회의를 진행할 수밖에 없습니다. 주로 초선 의원들이 서 있는 경우가 많다고 합니다. 맨 앞자리는 수상과 야당 당수 그리고 내각의 자리입니다. 의장은 가운데 조금 높은 위치의 큰 의자에 앉아 회의를 진행하거나 중재하는 역할을 합니다.

의장은 소속된 당이 없는 무소속입니다. 의장은 과열된 토론장에서 흥분한 의원이 있으면 "오더Order"라고 말합니다. "조용!", 또는 "정숙!"이란 뜻인데 2009년부터 10년간 의장직을 수행했던 존 버코John Simon Bercow는 무려 14,000번의 "Order"를 외쳤다고 합니다. 수상은 매주 수요일 국회에 출석해 30분간 의원들의 질문을 받고 답변을 해야 합니다. 이것은 오랫동안의 전통이며 수상과 의원들 간의 소통의 장이 됩니다.

국회의 여러 전통 중에 '흑장관Black rod'이란 직책이 있습니다. 중세부터 유지되고 있는 이 전통은 1348년 에드워드 3세 때 만들어진 입헌군주제 전통의 산물이라고 보면 됩니다. 1522년부터 금장 사자 머리 장식에 흑단으로 된 봉을 사용하기 때문에 이런 명칭이 붙게 된 것입니다. 검정 제복을 입고 스타킹을 포함한 궁정 복장을 갖춘 채 하원에 가서 바로 그 흑단 봉을 가지고 문을 두드립니다. 문을 열어주면 하원의원들을 데리고 상원으로 가는 것입니다. 보통 국왕이 국회연설을 할 때면 이렇게 흑장관이 하원의원들을 이끌고 상원으로 갑니다.

흑장관 공원 출입구

흑장관은 국왕의 명을 받아 국회 시설을 관리하는 등의 보안을 책임지는 고위 관리입니다. 상원과 의회 내에서 왕실과 관련된 업무를 하는 직책인데 국왕의 국회연설이 있을 때면 흑장관의 중요한 역할 중의 하나가 바로 하원의원에게 이를 알리는 것입니다. 흑장관이 하원회의장 문을 두드리더라도 의원들은 절대 바로 문을 열어주지 않습니다. 심지어 흑장관이 걸어오는 것을 보면서 문을 닫아버립니다. 흑장관이 문을 세 번 두드리면 하원의장이 문을 열면서 진한 농을 던진다고 합니다. 예를 들면 "오늘 옷 멋지십니다", "국왕께 세금이나 내시라고 전해주세요" 등 이런 농을 던지고 난 후 왕의 부름에 응한다고 합니다. 또 하나의 전통은 하원의 여당 원내대표를 인질로 잡아 버킹엄 궁전에 대기시켜 놓습니다. 국왕의 보위를 위해서인데 이 전통은 찰스 1세 때 국왕과 의회가 대립해 왕이 참수당하는 사건이 있은 후 국왕의 신변보호를 위해 내려진 조치입니다. 물론 인질이지만 버킹엄 궁전 안의 응접실에서 따뜻한 왕실 차를 마시며 모니터를 통해 중계되는 국왕의 연설을 보는 것일 뿐 국왕이 퇴정하면 다시 국회로 돌아갑니다. 덕분에 원내대표는 궁전 안에서 느긋하게 기분 내며 시간을 보낼 수 있습니다. 다른 의원들은 인질인 그를 내심 부러워한다고 합니다.

또 한 가지 전통이 있는데 왕실 근위병이 국왕이 국회로 오기 전에 국회 건물의 지하창고를 수색하는 것입니다. 전통 군복을 갖춰 입고 창고를 한번 휘 둘러보는 것인데 이것도 왕의 안위과 관련된 것입니다. 1605년 가이 포크스Guy Fawkes란 인물이 가톨릭교도들과 규합해 지하실에 폭탄을 설치해 제임스 1세 국왕을 시해하려 한 적이 있었고, 이후 국왕이 국회에 오기 전에 행해지는 전통이 된 것입니다.

런던성

런던탑이라고 불리지만 보통 영어로는 '타워 오브 런던Tower of London'입니다. 그러나 공식 명칭이 따로 있는데 '국왕 폐하의 궁전과 요새인 런던탑His Majesty's Royal Palace and Fortress of the Tower of London'입니다. 템즈강 북쪽에 위치해 있으며 바로 옆에는 타워브리지가 있습니다. 우리가 제일 잘 알고 있는 런던성의 용도는 감옥입니다. 주로 정치범 수용소였던 이 성에서는 '천일의 앤'이라 불리는 앤 불린을 비롯해 토마스 모어, 윌리엄 월레스 등 많은 사람이 처형된 곳이기도 합니다.

성에서 가장 중심에 있는 건물은 '화이트 타워White Tower'입니다. 처음 성이 만들어졌을 때는 흰색이 아니었습니다. 그런데 헨리 3세 때 흰색으로 외벽을 바꿔 지금까지 화이트 타워로 불리고 있습니다. 현재는 역대 왕들의 갑옷과 무기 등을 전시해 놓은 공간이지만 이전에는 노르만 왕조의 궁전으로 사용했던 건물입니다. 예전에는 왕들이 웨스트민스터 사원에서 대관식을 하고 나면 반드시 런던성으로 와서 상징적으로나마 입성하는 예식을 치르기도 했습니다. 화이트 타워와 함께 '블러디 타워Bloody Tower'가 있는데 여기에서는 에드워드 5세와 동생 요크공작이었던 리처드가 갇혔다가 죽은 곳이기도 합니다. 당시 에드워드 5세는 13세에 불과했습니다. 런던성에는 크기가 일반 까마귀보다 큰 검게 윤이 나는 까마귀가 살고 있습니다. 이 까마귀가 성을 떠나면 성이 무너지고 왕실이 몰락한다는 전설이

있고 까마귀들은 새끼 때 날지 못하게 만들어 성 안에서만 살고 있습니다.

이 성에서 처형당한 많은 사람 중에 제인 그레이Jane Grey란 인물이 있습니다. 헨리 7세의 차녀인 메리 튜더의 외손녀였던 그녀는 9일 동안 왕으로 재위했습니다. 그러나 메리 여왕에 의해 반역죄로 이곳 런던성에서 17세라는 나이에 처형당합니다. 그녀는 영국 역사상 최초의 여왕이었지만, 정식 여왕으로 기록되어 있지는 않습니다. 항간에는 영국 역사상 가장 불행한 여성 중 한 명이라고 얘기합니다. 그녀는 처형을 앞두고 마지막 이렇게 말했습니다. "나의 불운한 날들을 끝마치게 된 것을 다행으로 여긴다."

그녀는 아름다운 외모에 어려서부터 런던의 주교로부터 라틴어와 희랍어를 배울 정도로 어린 시절부터 지성을 갖추었습니다. 그런 그녀에게 불행한 역사가 시작됩니다. 제인 그레이는 사실 자신과는 5촌 조카 사이인 메리와는 관계가 좋았습니다. 그러나 주변인으로 인해 원수 같은 사이가 됩니다. 제인은 헨리 8세 생존 시 자기 첫 아들 에드워드와 결혼을 시키려 했으나 이를 주선한 토마스 시모어 Thomas Seymour가 처형을 당하면서 무산이 됩니다. 에드워드 6세는 어린 시절 왕이 되었지만 병세로 인해 국정을 돌볼 수도 없는 상황에 그만 사망하게 됩니다. 신하들은 그가 죽은 후 가톨릭 신자인 메리가 왕이 된다면 자신들의 운명이 위험해질 수 있다는 생각에 죽어가는 에드워드 6세를 설득해 1543년 제정된 '왕위계승법'을 무시한 채 다음 후계자로 제인 그레이를 지명하게 만듭니다. 존 더들리 John Dudley 백작은 자신이 아들 길포드 더들리Guilford Dudley와 제인을 서둘러 결혼을 시키고 에드워드 6세가 죽자 4일 동안 국왕의 사망을 숨기고 추밀원을 설득하고 협박해 지지를 받아냅니다. 또한 반발에 대비해 전국에 병력을 대기시켜 놓고 프랑스로부터 지지를 얻기 위해서 프랑스의 영국 영토인 칼레Calais를 내주는 조건을 제시합니다. 모든 준비를 마친 더들리는 제인을 추밀원들과 만나게 한 후 선왕의 유언에 따라 제인 그레이가 왕위를 계승하게 되었다고 선포합니다. 이런 상황은 메리의 귀에까지 들어가게 되고 자신의 의자와 상관없이 부모의 강요에 의해 왕위에 오르게 된 제인은 더 큰 위험한 사태에 대한 모든 책임을 자신이 떠안게 됩니다. 메리는 자신을 지지하는 30명의 귀족들과 함께 군대를 이끌고 더들리의 세력을 제거하기 시작합니다. 결과적으로 1553년 메리는 영국의 합법적인 국왕의 지위에 오르게 되고 이를 선포합니다.

제인은 오히려 이런 상황이 다행이라 생각하고 스스로 왕위에 내려왔으나 정국의 상황은 그녀를 반역자 신세로 전락하게 만듭니다. 메리는 제인이 어떤 인성을 가지고 있는지 잘 알고 있었으며 모든 것이 제인이 원하지 않았다는 것을 알고 있었기 때문에 뒤에서 모의한 더들리는 처형하고 신하들이 반대했음에도 제인을 처형하지 않고 유배를 시키라고 명합니다. 또한 자신이 결혼하고 자식을 낳으면 제인을 풀어줄 생각을 하고 있었습니다. 그렇게 제인은 런던성에 갇혔지만 나름 평화롭게 생활합니다. 반면 제인 쪽에 섰던 일부 귀족들은 메리가 여왕이 되자 바로 메리에게 붙어서 자신의 권력을 연명하기 위해 오히려 메리에게 제인을 처형하라고 부추깁니다. 메리는 끝까지 제인을 살려 두려고 제인에게 개종을 제안합니다. 제인은 그 제안을 끝까지 거절했고, 결국 메리는 제인의 처형을 승인합니다.

마지막까지 제인의 처형을 막고 싶었던 메리는 하녀들을 시켜 제인이 혹시나 임신을 했는지 검사해 보라고 합니다. 당시 사형수라도 임신했을 경우 아기의 생명은 죄가 없으므로 형 집행을 연기하거나 사면할 수도 있었기 때문입니다. 그러나 제인은 임신하지 않았고 방법이 없었던 메리는 결국 최종적으로 사형을 결정합니다. 제인은 눈이 가려진 채 처형대 앞에 섰고, 처형대의 정확한 위치를 볼 수 없었기에 사제가 그녀를 처형대로 인도하고 마지막 기도를 마친 뒤 의연하게 처형에 임합니다. 그녀는 단지 9일간의 여왕이었지만 영국 역사상 최초의 여왕이었습니다.

런던성에서 죽음을 맞은 인물들은 그 외에도 여럿이 있습니다. 앞서 말했듯이 토머스 모어는 헨리 8세의 법률가이자 가장 총애를 받던 재상대법관까지 올랐던 인물입니다. 그러나 헨리 8세의 이혼에 반대하는 과정에서 반역죄로 처형됩니다. 그리고 가장 유명한 인물은 역시 천일의 앤이라 불리는 앤 불린Anne Boleyn 입니다. 헨리 8세의 두 번째 왕비였던 그녀는 헨리 8세의 첫 부인이었던 캐서린의 하녀였던 인물입니다. 아들을 낳기 위한 결혼이었는데 결국 앤은 딸인 엘리자베스 1세를 낳고 계속된 유산과 사산으로 인해 더 이상 자녀를 갖지 못했습니다. 헨리 8세는 그녀를 근친상간이란 죄를 씌워 처형시킵니다. 또 한 명의 왕비, 헨리 8세의 다섯 번째 부인이었던 캐서린 하워드Catherine Howard는 18세의 나이에 처형당합니다. 그녀는 앤 불린과는 사촌지간이었고 네 번째 왕비 클레페의 앤Anna von Kleve의 시녀였는데 결혼 전 남자관계와 특히 국왕의 시종 토머스 켈페퍼Thomas Culpeper와 불륜 사실이 밝혀져 처형됩니다.

　그 외에도 조지 플랜태저넷George Plantagenet이 28세에 처형, 에드워드 5세가 12세의 나이에 런던성에서 사망합니다. 에드워드 4세가 죽은 후 12세의 나이에 즉위하는데 작은아버지 글로스터 공작Duke of Gloucester이 섭정을 합니다. 어머니 엘리자베스 우드빌Elizabeth Woodville과 글로스터 공작 사이에 권력다툼이 있었고 글로스터 공작이 승리하며 에드워드 5세는 런던성에 갇히게 되며 글로스터 공작이 왕위에 오릅니다. 그가 바로 리처드 3세가 됩니다. 그는 조카였던 에드워드 5세와 요크공작을 성에 가두어 왕위를 이어 가는데

그 둘의 운명은 그 뒤 알 수 없이 끝나게 되고 1674년 런던성을 공사하던 중 유골이 발견됩니다. 이 유골이 에드워드 5세와 요크공작으로 판명 나고 당시 국왕 찰스 3세는 그 유골을 웨스트민스터 사원에 안장합니다.

런던성은 시티지역에 있습니다. 이곳이 뉴욕 월가와 함께 세계 금융의 중심이 이며 로마인이 만든 도시 런던지역입니다. 가다 보면 우리는 66m의 높은 탑을 하나 볼 수 있습니다. 1666년 9월 2일 있었던 런던대화재Great Fire of London를 기억하기 위해 만든 기념비입니다. 이 화재로 런던에 있던 13,200채의 집과 교회 87채 그리고 런던교구대성당인 세인트 폴 대성당까지 피해를 입었습니다. 그런데 이상한 점은 그런 대화재에도 불구하고 화재로 인한 사망자는 6명에 불과했습니다. 당시 런던 인구가 50만 명이었다고 하니 그에 비해 적은 숫자입니다. 여러 가지 추측이 있지만 당시 사망자 수를 제대로 파악하지 않았을 수도 있었다고 합니다. 하류층 사람들의 사망 숫자를 정확히 집계하지 않았을 수도 있고 또는 워낙 열이 강해 사망자의 흔적조차 남지 않았을 수도 있었다고 합니다. 화재는 보

런던 대화재 기념탑

시는 탑에서 **60m** 떨어진 푸딩 레인Pudding Lane이란 빵집에서 시작됐습니다. 불은 삽시간에 바람을 타고 동쪽으로 퍼져나갔습니다.

당시 화재에 대한 대책이 미비했고 초기 화재 진압이 부진해 피해가 컸다고 합니다. 화재의 원인에 대해서도 온갖 추측이 난무했습니다. 당시 영국은 네덜란드와 전쟁 중이었고 네덜란드나 프랑스 사람이 불을 질렀다고 생각했습니다. 범인으로 잡힌 사람은 프랑스에서 태어난 로버트 휴버트Robert Hubert였는데 그는 자신이 웨스트민스터에 불을 질렀다고 했습니다. 사실 화재로 인해 전혀 피해를 보지 않았던 관련 없는 웨스트민스터 사원을 댄 것도 말이 안 되는 건데 영국 정부는 그가 빵집 창문에 수류탄을 던져 화재가 시작됐다는 결론과 함께 그를 교수형에 처하고 사건을 마무리합니다. 그러나 그는 실제로 화재가 일어난 이틀 후에 런던에 들어왔고 당시 민심을 수습하기 위해 만들어 낸 수사 결과였을 뿐 억울한 한 명을 죽음으로 몰아넣은 것이었습니다. 화재가 난 후 **300년**이 지나서 **1986년** 빵집 주인의 후손이 사과하며 사건은 종결되었습니다.

당시 런던은 좁은 골목과 목조건물이 대부분이었습니다. 따라서 화재에 취약했고 위생은 형용할 수 없을 정도로 나빴습니다. 화재가 남겨놓은 것들이 여러 가지가 있는데 그중 흑사병의 종식입니다. 화재로 인해 런던 시내에 서식하고 있던 쥐들이 대부분 죽었기 때문입니다. 그리고 화재보험의 출현입니다. 의사였던 니콜라스 바번 Nicholas Barbon은 화재보험의 기틀을 만들어 냈습니다. 화재로 인해 소실된 집을 지어주는 보험업을 시작한 것입니다. 또한 근대식 소방 시스템이 만들어지고 체계적인 화재 대응 시스템을 갖추게 됩니다.

세인트 폴 대성당과 밀레니엄 브릿지

런던 시내는 그 이후 대부분의 목조건물은 사라지고 지금처럼 석조
건물로 대체되었습니다.

• • •

트라팔가 광장

　런던성을 보고 우리는 템즈강을 지나 트라팔가 광장Trafalgar Square
을 거쳐 대영박물관으로 향하겠습니다. 트라팔가 광장은 런던의 가
장 중심에 위치한 광장입니다. 광장의 뒤편에 웅장하게 서 있는 건
물은 바로 내셔널 갤러리입니다. 이 갤러리는 1824년에 설립된 세계
에서 두 번째로 만들어진 공공미술관입니다. 갤러리의 시작은 영국
정부가 존 줄리어스 앵거스타인John Julius Angerstein으로부터 상속된
작품 38점을 구입하면서 시작되었습니다.

존 줄리어스는 런던의 유명한 사업가며 세계 최초의 보험회사인 로이드 보험사의 회장을 역임하기도 했습니다. 또한 유명한 예술가들의 후원자였습니다. 그가 죽고 나서 남겨놓은 그림들을 당시 국왕 조지 4세가 리버풀Liverpool 경을 시켜 작품들을 구입하고 그가 살았던 트라팔가 광장과 가까운 폴 몰Pall Mall 100번지에 첫 미술관을 설립합니다. 현재는 총 2,300점의 미술작품을 보관 및 전시하고 있는 세계적인 갤러리 중의 하나입니다.

내셔널 갤러리는 2차 세계대전 중에 위기를 맞습니다. 독일의 폭격에 영국 정부는 그림을 보관할 안전한 장소를 찾습니다. 그러던 중 일부에선 그림을 가장 안전하게 보관하려면 캐나다로 옮겨야 한다는 의견이 있었습니다. 이에 당시 영국 수상이었던 처칠은 내셔널 갤러리의 어떠한 그림도, 단 한 작품도 절대로 영국 땅을 떠날 수 없다고 강하게 지시합니다. 그는 당시 갤러리 관장이었던 케네스 클라크Kenneth Clark에게 작품을 지하실이든 동굴이든 임시 보관하라고 편지를 보냅니다. 영국 정부에서 미술품을 보관하기 가장 안전한 장소를 찾아 선택한 곳이 북웨일즈의 채석장이었습니다. 그로 인해 영국은 내셔널 갤러리에 있던 모든 작품을 한 작품도 손실 없이 전후 다시 현재의 갤러리로 옮길 수 있었습니다.

트라팔가 광장과 내셔널 갤러리는 그 위치적 상징성으로 인해 런던에서 가장 유명한 광장 중의 하나인 장소입니다. 트라팔가란 이름의 유래는 바로 영국의 넬슨 제독과 프랑스 나폴레옹 해군과의 전쟁입니다. 1805년 10월 21일, 영국은 스페인 남부 지브롤터 해협으로부터 북서쪽으로 약 50km 떨어진 트라팔가에서 넬슨Horatio Nelson

제독이 이끄는 '빅토리HMS Victory' 함을 기함으로 하는 27척의 전함과 프랑스 피에르 빌뇌브Pierre Villeneuve가 이끄는 33척의 프랑스와 스페인 연합함대와 해전을 벌입니다. 전투는 프랑스와 스페인 연합함대 22척이 침몰 내지 파괴되고 영국은 단 1척의 피해도 입지 않고 완전한 승리로 끝납니다.

당시 나폴레옹은 프랑스 육군의 영국 상륙을 위해서는 해상을 장악하고 있는 영국해군을 돌파해야 한다는 결론에 연합함대를 편성해 해전을 시작합니다. 프랑스는 25만의 육군을 대기시켜 놓은 상태에서 해전에서 승리하면 바로 영국 상륙을 명할 준비가 되어 있던 상태였지만 지중해 총사령관 넬슨에 의해 수포로 돌아가고 말았습니다. 그리고 트라팔가 해전은 넬슨의 마지막 전투였습니다. 그는 프랑스 저격수의 탄환에 맞아 전사합니다. 탄환은 넬슨의 폐를 관통해 척추에 박혔습니다. 그는 부상을 입은 상태에서 4시간 동안 전투를 지휘합니다. 그 탄환은 현재 원저성에 보관되어 있고 관람객들에게 공개되고 있습니다. 그는 죽어가면서도 전투에 승리하고 조국 영국을 지키기 위해 끝까지 전투를 지휘했으며 죽기 전 자신의 임무를 다할 수 있게 해준 신께 감사드린다는 말을 남겼습니다.

그의 유해는 브랜디 술통에 보관해 영국으로 옮겨 국장으로 장례를 치렀고 시신은 세인트 폴 대성당에 안치했습니다. 현재 트라팔가 광장에 세워진 넬슨 기념탑은 1843년에 완공되었으며 탑 주변에 4마리의 사자 조각은 나폴레옹 군대의 대포를 녹여 만들었다고 합니다. 한 가지 더 트라팔가 광장의 앞쪽에 있는 말을 타고 있는 동상은 바로 찰스

1세입니다. 찰스 1세 동상이 위치한 이곳이 런던의 가장 중심 포인트이며 고속도로나 지방도로로부터 런던까지 거리를 표시할 때 그 기준점이 바로 트라팔가 광장의 찰스 1세 동상 위치입니다.

● ● ●

영국박물관

트라팔가 광장을 지나 우리는 대영박물관으로 가겠습니다. 대영박물관이라고 말하지만, 사실은 영국박물관이 맞는 표현입니다. 그래서 저도 영국박물관으로 부르겠습니다.

공식 명칭은 'British Museum'입니다. 영국 최대 공공박물관이며 세계 최초 박물관입니다. 1753년 설립된 박물관이 일반에게 공개한 것은 1759년 런던 시내 블룸스베리Bloomsbury에 있는 몬테규 하우스 Montague House를 개조해 문을 열었습니다.

초기 영국박물관은 한스 슬론 Hans Sloane 이란 의사의 개인 수집품을 전시하기 위해 시작했습니다. 그는 의사이지만 또한 과학자며 수집광이었습니다. 그가 평생 모은 7만여 점의 소장품은

그의 사후 보관조차 어려울 정도의 막대한 양이었습니다. 그의 모든 컬렉션은 국왕 조지 2세가 2만 파운드에 사들였고, 그의 수집품을 전시하기 위한 '영국박물관 법안 British Museum Act 1753'이 의회에서 제정되었습니다.

밀크 초콜릿을 만든 의사, 영국박물관의 시작

한스 슬론 Hans Sloane 은 워낙 부유한 가정에서 태어났습니다. 어린 시절 큰 병에 걸려 고생한 적이 있고 나서 의학과 약학을 공부하게 되었으며 한때 왕실 의사로 활동한 적도 있습니다. 그러던 중 그는 영국의 식민지였던 자메이카의 주지사 주치의로 떠나게 되는데 그는 그때 엘리자베스 랭클리 로즈 Elizabeth Langley Rose 와 결혼을 합니다. 그녀는 자메이카 사탕수수 농장을 소유한 부자 과부였습니다. 그는 자신도 워낙 부유한 가정에서 잘 자

랐기 때문에 돈에 대한 걱정이 없었는데 결혼한 여자가 더 많은 재산을 가지고 있는 탓에 그는 평생 일할 필요도 없고 자신의 관심사에 집중할 수 있는 배경이 만들어진 것입니다.

그는 식물연구와 조개, 물고기부터 곤충까지 관찰하며 자연과학에 관한 연구 활동으로 자메이카 생활을 1년 이상 이어갑니다. 그는 자메이카에 있는 동안 원주민이 즐겨 먹는 카카오를 영국 사람 입맛에 맞게 만들었습니다. 그것이 바로 '밀크 초콜릿'입니다. 쓴맛이 나는 카카오에 부드러운 우유를 섞어 만든 밀크 초콜릿은 영국에서 선풍적인 인기를 끌게 됩니다. 그는 이 밀크 초콜릿으로 특허를 내고 그에 따른 수익이 상당했습니다. 그는 그 수익으로 첼시에 있었던 약용식물원의 파산을 막는 데 썼습니다. 그가 많은 수집을 할 수 있게 된 것은 뒷받침해 줄 만한 재력이 있었기에 가능했던 것이었습니다. 또한 그가 그동안 수집한 어마어마한 수집품들을 기증하겠다는 유언을 남기고 자손들은 그것이 외부로 유출되지 않게 지켰기 때문에 영국박물관이 탄생할 수 있었던 것입니다.

현재 영국박물관은 8백만 점 이상의 소장품을 가지고 있으며 이 중 8만 점이 일반에게 공개되고 있습니다. 다양한 인류의 모든 문명을 전시하고 있는데 그중에서도 이집트관은 이집트 수도 카이로의 박물관 다음으로 가장 많은 유물을 보유하고 있습니다. 이집트 유물들은 초기 한스 슬론이 남긴 160여 점의 유물과 1801년 나폴레옹 군대가 이집트 원정을 갔다가 영국에 패한 후, 영국이 이집트 전역에서 발굴한 대량의 유물을 영국박물관으로 보낸 것입니다. 그중 영국박물관이 소장하고 있는 수집품 중 역사적 가치가 가장 높다고 평하는 '로제타 스톤'부터 람세스 2세, 대량의 미라까지 박물관에 전시된 유물 중 큰 비중을 차지하고 있습니다. 이집트관은 선사 시대 초기왕조부터 고왕국 시대, 중왕국 시대, 신왕국 시대를 이어 로마 제국 시대까지 광범위한 수집품을 자랑합니다. 영국박물관은 이집트 다음의 방대한 유물을 소장하고 있는 것은 그리스와 로마문명입니다. 약 10만여 점의 고대 지중해 유물을 가지고 있으며 대부분은 그리스 본섬과 에게해 섬들, 소아시아의 미노아 문명과 미케네 문명의 유물들입니다.

영국박물관이 보유하고 있는 800만 점의 유물 중 우리는 단 1%만

람세스 2세

볼 수 있습니다. 그 1%의 양이 무려 8만 점입니다. 그럼 그 많은 유물들은 어디에 있을까요? 바로 지하 수장고와 런던 외곽에 있는 별도의 수장고에 있습니다. 그중 지하 수장고는 한때 회원만이 들어가 볼 수 있었으나 2006년 이후에는 굳게 닫혀 있습니다. 지하에 보관된 많은 유물 중에 선반에 놓인 11개의 나무판이 보라색 벨벳에 싸여 보관되어 있다고 합니다. 이것은 영국박물관 관장은 물론 어떤 직원도 그 방에 들어갈 수 없다는 뜻입니다.

이 물건은 에티오피아 정교회의 서판들로 1868년 영국이 약탈해 온 것입니다. 사실 에티오피아에서 가져온 500여 점의 물건들 중 11개에 지나지 않습니다. 그러나 이것은 에티오피아의 정신적인 보물일 뿐만 아니라 인류의 보물입니다. 그뿐만이 아닙니다. 지하에는 아시리아를 비롯한 그리스와 로마의 조각품들이 상당수 보관되어 있습니다. 대부분 나무상자 안에 안전하게 보관되어 있습니다. 그것들 중 최근 박물관이 보관하고 있는 유물 중 가장 가치가 있다는 유물이 있습니다. 가치로 1,700억 원에 달한다는 아시리아 아슈르바니팔Ashurbanipal왕과 엘람Elam 왕국의 전쟁을 묘사한 부조입니다.

영국박물관 정문을 통해 들어서면 가장 먼저 눈에 띄는 것은 '그레이트 코트'입니다. 본래 도서관이 있던 야외공간에 유리지붕을 씌우고 실내로 만든 새로운 공간입니다. 이곳은 3,212개의 모두 다른 모양의 유리 조각을 곡선 형태로 연결해 만든 것입니다. 이 그레이트 코트 프로젝트는 영국이 새로운 밀레니엄을 맞이하는 프로젝트 중의 하나로서 설계자는 노만 포스터Norman Robert Foster라는 영국인 건축가입니다.

1935년생인 그는 크리스토퍼 렌, 존 네시, 자일스 길버트 스콧을 잇는 생존하는 영국의 위대한 건축가입니다. 하이테크 건축의 세계 최고 권위자이자 영국 모더니즘 건축의 핵심적 인물로 알려져 있습니다. 그는 전 세계에 랜드마크가 될 만한 많은 건축을 디자인했습니다. 영국 스텐스테드 공항을 시작으로 세인트 폴 대성당과 테이트 모던 미술관을 연결하는 밀레니엄 다리를 비롯해 런던의 금융가인 시티 내에 '작은 오이'란 뜻을 가진 마치 총알을 세워 놓은 것 같은 건물 '30 St. Mary Axe'를 설계했습니다. 또한 홍콩에 위치한 HSBC 빌딩을 비롯해 애플의 신사옥도 그의 작품입니다. 한국타이어 중앙 연구소 테크노돔을 설계하기도 했습니다.

그는 1999년 프리츠커상을 비롯해 엘리자베스 여왕으로부터 남작 작위를 받았습니다. 노만 포스터가 설계한 그레이트 코트는 2000년 개관한 이래 20년 동안 1억 1,300만 명이 방문한 장소로서 기존의 영국박물관 관람 동선을 획기적으로 바꿨으며 150년 동안 숨겨져 있던 공간을 개방함으로써 박물관은 40% 이상 관람객 증가와 박물관 공간을 자유롭게 이동할 수 있게 만들었습니다.

파르테논 신전

영국박물관의 많은 유적 중 사람들이 많이 찾는 유물 중의 하나는 파르테논 신전의 대리석 조각들입니다. BC 400년경에 만들어진 파르테논 신전은 아테네의 한가운데 아크로폴리스에 있습니다. 그 안에 있었던 대다수의 조각들은 현재 영국박물관에 전시되어 있습니다. 그 조각을 '엘긴의 대리석Elgin Marbles'이라고도 부릅니다.

엘긴은 1799년부터 1803년까지 오스만 제국, 즉 터키에 파견되었던 특명전권대사였습니다. 그는 떠나기 전에 영국 정부에 한 가지 제안을 합니다. 그리스의 고대 유물에 관심이 많았던 그는 그리스 보물의 모작을 만들고자 모형 제작자와 제도사 등을 함께 가게 해 달라고 정부에 요청한 것입니다. 물론 정부는 돈이 많이 든다는 이 유로 거절합니다. 엘긴은 결국 자신의 개인 돈을 쓰기로 하고 이탈리아 사람인 지오반니 바티스타Giovanni Battista를 고용합니다.

처음엔 엘긴은 바티스타를 시켜 파르테논 신전의 그림을 그리게 하고 거기에 있는 조각 작품들을 모작으로 제작하려 했습니다. 그러나 현지에 가서 실상을 직접 본 엘긴은 그리스가 인류의 위대한 보물을 제대로 관리하지도 않고 조각들은 주변에 흩어져 풍화되어 가고 있는 것을 발견합니다. 심지어 사람들이 신전 주변 조각들의 일부분을 떼어내 관광객들한테 팔기까지 하는 모습을 봅니다.

그는 그림을 그리거나 모작을 만드는 것보다 우선 이 위대한 보물을 지켜야겠다는 마음에 신전 주변과 지역에 있는 조각 작품들을 옮기기 시작합니다. 그는 이런 작업을 위해 당시 그리스를 지배하고 있던 오스만 제국의 술탄으로부터 허가를 받아냈고 파르테논 신전의 조각들에 대한 권리를 갖게 됐습니다. 그러나 그 허가증은 남아 있지 않습니다. 그는 신전 전체 중 절반가량을 떼어내 지중해를 통해 영국으로 옮깁니다.

엘긴은 이후 영국 내에서도 문화파괴자로 지탄을 받기도 했지만, 1816년 영국 의회의 공식 조사에 따르면 엘긴은 합법적인 절차를 통해 조각들을 획득했다고 결론을 내립니다. 이후 영국 정부는 그가 가져온 모든 조각을 사들였고 관리는 영국박물관에 위탁합니다. 당시 시인 바이런George Gordon Byron은 그리스 여행 도중 엘긴이 떼어 낸 조각품들을 보게 됩니다. 신전에서 떨어져 나온 프리즈frieze와 메토프metope 등이었는데 그는 엘긴의 행위에 대해 문화파괴와 반달리즘 행위라고 비난했다고 합니다. 그리고 이렇게 말했습니다. "고트족이여 용서하소서, 스코트인들의 파괴를."

이 시기 그리스뿐만 아니라 전 세계의 역사적 유물들이 영국으로 들어오는 시기였습니다. 이집트에서는 범선에 실려 온 클레오파트라의 관과 미라부터 테베에서 가져온 람세스 석상, 스핑크스의 수염까지 엄청난 유물들이 잉글랜드 남부 포츠머스 항구를 통해 들어옵니다. 엘긴은 떼온 유물들을 런던까지 가져오는 데 당시 7만 파운드의 돈을 썼습니다. 그는 처음에는 스코틀랜드에 있던 자신의 저택에

멀고도 가까운 왕실 탐험 – 런던

장식하기 위해 가져왔다고 했지만 이혼을 하며 많은 재산을 잃었고 빚까지 지는 바람에 가져온 조각품들을 처분하기로 마음먹습니다. 그는 75m 분량의 프리즈영국이 56점, 그리스 40점 보유와 메토프 15점, 박공벽 조각 17점 중 옮기면서 손상된 박공벽들을 제외하고 온전한 박공벽 한 개를 포함 전 물량의 처분을 결정합니다.

그러나 이 조각들이 정식으로 들여온 것인지가 관건이었습니다. 만약 약탈이나 훔쳐 온 것이라면 거래 자체가 불법이고 향후 반환해야 하는 사태까지 올 수 있기 때문입니다. 엘긴은 자신이 합법적으로 옮겨 왔다는 것을 증명하기 위해 제출한 것은 하나밖에 없었습니다. 터키가 발행한 허가증을 이탈리아어로 번역한 사본이 유일한 증명이었습니다. 더군다나 그 허가증도 조각품들을 그리거나 모형을 만드는 것에 대한 허가이지 떼어 가라는 허가는 아니었다는 주장이 제기됩니다. 결국 의회는 엘긴의 손을 들어줍니다. 그리고 3만 5천 파운드를 지불하고 모두 정부가 인수합니다. 그 금액은 자신이 쓴 금액의 절반밖에 안 되는데도 엘긴은 흔쾌히 모든 조각품을 정부에 넘겨 버립니다. 그리고 지금도 그리스 정부는 영국과의 외교적 마찰뿐 아니라 그리스 국민적 정서에서도 이 조각품들이 그리스로 돌아와야 한다는 주장을 끊임없이 제기하고 있습니다.

로제타 스톤

영국박물관은 이외에도 무수한 인류의 유산을 소장하고 있습니다. 그중에 가장 가치가 높은 유물은 역시 로제타 스톤Rosetta Stone입니다.

1799년 7월 15일 나일강 변 로제타지역에서 나폴레옹의 이 집트 원정군 장교였던 피에르 프랑수아 부샤르Pierre-Francois Bouchard가 로제타 요새를 복원 하는 감독을 하고 있었는데 도 랑을 파다 바로 이 미스터리한 돌을 우연히 발견합니다. 당시 나폴레옹은 1798년 175명의 과 학자와 예술가로 구성된 팀을 이끌고 이집트 원정을 떠났습

로제타 스톤

니다. 그들은 이집트의 신비한 유적들을 연구하기 위해 간 것인데 이집트의 무수한 유적들에 새겨진 상형문자를 도통 읽을 수 없어 이 집트를 연구하는 데 한계가 있었습니다.

그러나 이 돌은 상형문자를 해독하는 열쇠였던 것입니다. 높이가 114.4cm, 넓이 72.3cm, 두께 27.3cm로 무게는 760kg으로 화강섬록 암으로 만들어졌습니다. 이 돌의 제작 연도는 대략 BC 196년이며 법령을 기록한 것입니다. 그동안 발견된 적이 없었던 고대 이집트어 즉, 상형문자와 민간문자 그리고 다른 언어를 병기해 기록한 것으로 서 역사적으로 해독할 수 없었던 상형문자 해독의 길을 열어준 것입 니다. 프랑스에서 발견된 이 돌은 1801년 영국과 오스만 제국의 연 합군이 프랑스를 알렉산드리아에서 격파하고 나서 런던으로 옮겨집 니다. 최초 이 돌이 발견된 후 영국은 탁본을 떠서 유럽의 대학들에 보내 해독을 요청했지만 해독은 이뤄지지 않았습니다. 그러던 중 영

국인 토마스 영Thomas Young이 1814년 돌의 중간에 새겨져 있던 이 집트의 민간문자 해독을 끝내고 1824년 장 프랑수아 샹폴리옹 Jean-Francois Champollion은 본래 그리스어와 콥트어를 읽을 수 있었기에 그 문자들을 대입해 상형문자 해독의 길을 열었습니다. 로제타 스톤 에 새겨진 내용은 선언문이 대부분이고 왕이 사제들에게 은혜를 베 푼 것을 찬양하는 문장들입니다.

미라관

영국박물관 3층, 61~63번 방은 박물관 전체 중에서 가장 붐비는 전시관인데, 바로 미라관입니다. 이집트인들은 왜 미라를 만들었을 까요? 먼저 미라mirra는 포르투갈어로 '썩지 않고 건조되어 있는 형 태'를 가리키는 단어에서 유래됐다고 합니다. 이집트에서는 미라를 만들 때 썼던 방부제를 지칭하는 단어였습니다. 그것이 현재 영어로 mummy로 쓰고 있는 것입니다.

그들은 사후세계를 믿었고 부활에 대한 믿음이 있었습니다. 이집 트인들은 사람이 죽으면 영혼인 '카Ka'는 사후세계로 가겠지만 다 시 지상의 세계로 돌아올 것이라 믿었습니다. 그때 육신인 '하Ha'가 있어야만 다시 살아날 수 있다고 믿었습니다. 그렇기 때문에 육신이 잘 보존되어 있어야 한다고 생각했습니다. 기본적인 미라를 만드는 과정은 시신의 피를 모두 빼내고 내장을 꺼내 따로 보관합니다. 상 류층인 경우에는 빼낸 내장 대신 송진과 향료를 넣었고 일반인들은 톱밥이나 돌을 넣었다고 합니다. 그다음 몸에는 천연소금을 이용해 40일간 완전 건조를 시키고 아마포라고 불리는 붕대를 감고 관에

넣습니다. 이때 방부처리를 위해 엘레미Elemi 나무의 수액이나 피스타시아Pistacia 나무 수액 또는 향나무, 사이프러스Cyprus 나무 부산물을 밀랍에 혼합해 처리했습니다.

이집트인들은 인간의 뇌보다 심장이 더 중요하다고 믿었습니다. 따라서 사후세계에서 양팔 저울의 한쪽에는 새의 깃털을 올리고 다른 한쪽에 죽은 자의 심장을 올려 무게를 재는 방식으로 심판한다고 믿었습니다. 따라서 심판받을 때 필요한 심장은 건조를 시킨 다음 붕대로 감거나 실로 꿰맨 후 다시 배 안에 넣어두었습니다. 반면에 뇌는 그다지 중요하게 생각하지 않았고, 단순히 콧물을 만드는 장기 정도로만 생각했다고 합니다. 따라서 뇌를 제거하기 위해 보통 두 가지 방법을 썼는데 하나는 콧구멍을 통해 꼬챙이 같은 것으로 뇌를 뽑아내는 방법과 또 하나는 머리 뒤에 구멍을 내서 뇌를 꺼내는 방법을 썼다고 합니다. 그러나 일반적으로 콧구멍을 통해 뇌를 제거하는 방식이 가장 많이 쓰였다고 합니다.

이집트인들은 사람의 미라뿐 아니라 상당한 동물 미라도 만들어 함께 안치했습니다. 개나 고양이를 비롯한 매, 따오기, 악어와 소까지 다양한 동물을 미라로 만들었습니다. 심지어 고양이 미라가 베니하산에서는 20톤 이상이 발견된 적도 있다고 합니다. 미라를 제작할 때는 자칼 가면을 쓴 장의사가 주도적인 역할을 합니다. 바로 아누비스 신의 모습을 한 것인데 죽은 자들을 인도하는 신이자 죽음의 신이기도 합니다.

2014년 영국박물관은 과학자들과 좀 더 정밀한 미라를 연구하기 위해 보관 중인 8구의 미라의 컴퓨터 단층촬영CT과 그래픽 소프트웨어를 활용해 붕대에 싸인 미라를 분석했습니다. 이것은 단순 X-레이 촬영이 아닌 뼈와 신체 내부를 비롯해 세밀한 부분까지 연구하기 위한 것이었습니다. 8구의 미라는 이집트와 수단에서 발견된 것들인데 기원전 3500년에서 서기 700년 사이의 미라들로서 어떤 미라는 30~40대 나이에 동맥경화로 사망했다는 사실까지 찾아냈습니다. 어떤 미라는 사원에서 노래 부르던 가수로 활동했었고 기름진 음식을 즐기며 수준 높은 교육을 받았다고 추측합니다. 영국박물관은 현재도 끊임없이 미라에 대한 연구를 거듭하고 있다고 합니다.

"저도 잘 알아요. 이 작품 가지고 있어요."

2000년 세계가 밀레니엄을 맞이할 때 영국은 몇 가지의 밀레니엄 프로젝트를 준비하고 있었습니다. 영국박물관에 그레이트 코트를 개방하기 시작했고 템즈강 변에는 '런던 아이'라는 대관람차를 오픈했습니다. 템즈강 변의 몇몇 변화 중 가장 큰 것은 '테이트 모던 미술관' 개관이었습니다. 전 세계 사람들이 세계적인 현대미술의 메카로 자리 잡은 테이트 모던에 모여들었습니다.

한국에서도 재벌 사모님들이 이 미술관을 찾아오기 시작했습니다. 이 미술관을 봐야 한국에서 대화가 가능하다는 말이 돌았는지 미술관이 문을 열었던 그 당시 여러 사모님들이 런던을 방문했습니다. 그중 몇 명의 사모님을 가이드한 적이 있었는데 이들은 일반적인 패키지 투어가 아니기 때문에 개인적인 스케줄로 움직입니다. 그중 가장 기억에 남는 사모님은 S재벌의 H사모님이었습니다. 당시 S전자에서 중요한 손님들이 오면 여러 차례 가이드를 한 적이 있었는데 그와 관련된 특별한 기억이 있습니다.

보통 이런 분들이 영국에 방문하면 S전자 부장한테 연락이 와 가이드 일을 하곤 했습니다. 당시 유학생이었던 신분으로 미술관만 설명해 주고 둘러보는 데 서너 시간 할애하고 상당히 넉넉한 비용을 받았기 때문에 기분 좋고 고마운 고객이었습니다. 그러던 어느 날 항상 연락이 왔던 부장이 정말 중요한 손님이 오시는데 잘 좀 부탁한다는 신신당부와 함께 일을 주었습니다. 여느 때와 마찬가지로 감사한 마음으로 준비하고 있었는데 느닷없이 부장이 아닌 소속 주재원이 예행연습을 하자는 거였습니다. 예행연습? 한 번도 그런 적이 없었는데 예행연습이라니.

어쨌든 주재원과 테이트 모던 미술관을 함께 가서 관람 동선에 맞게 전체적으로 한 바퀴를 돌아봤는데 요구하는 사항이 참으로 이해하기 어려웠습니다. 첫째, 설명하지 말 것. 둘째, 한 걸음 정도 앞서서 동선을 안내할 것. 셋째, 호칭은 관장님이라고 부를 것. 우선 그동안 숱하게 유명하고 속칭 잘나가는 사람들과 미술관을 다녔지만, 설명을 잘 해 달라는 부탁은 받았어도 설명하지 말라는 경우는 처음이었습니다. 그럼 가이드를 왜 불렀을까 하는 의구심이 들었습니다. 물론 처음 가는 미술관은 어디서부터 어떻게 봐야 하는지 모르기 때문에 필요할 수는 있습니다. 테이트 미술관은 보통 맨 위층에서 시작해 내려가면서 작품들을 감상하는 구조로 되어 있기 때문에 처음 방문하는 사람은 어디로 가야 할지 헷갈릴 수는 있습니다. 설명하지 말라는 것과 길을 안내해 달라는 것은 혼자 감상할 수 있게 에스코트만 하면 되는 일이었습니다. 너무 편하고 간단한 일이었고요. 마지막 관장님 호칭은 무엇이냐 물어봤더니 그렇게 부르라고 알려줬습니다. 보통 사모님이라고 호칭하는데 관장님이라고 부르면 된다고 해서 태권도 관장이냐고 물어봤으니까요.

그렇게 예행연습을 하고 방문 당일 양복을 차려입고 영국박물관 앞에서 주재원과 기다렸는데 시간이 늦어지는 것입니다. 스텐스테드 공항으로 입국해서 늦어진다길래 유럽에서 오는 줄 알았는데 그게 아니라 전용기를 타고 오기 때문이라는 대답에 느낌이 보통 사람이 아니겠구나 생각했습니다. 전용기는 150인승 비행기를 개조해 50인승으로 만들었는데 그 비행기에 타고 온 사람은 승무원을 제외한 승객이 3명뿐이었습니다. 어느 중년 여자분 2명과 젊은 여자분 1명. 영국박물관의 한국관이 작게나마 개장했을 때라 한국관만 잠깐 보기로 하고 들어서는데 박물관 큐레이터가 마중 나와 기다리고 있었고 박물관을 잠깐 보고 나서 미술관으로 이동했습니다.

미술관은 그 관장님과 주재원과 함께 가는데 특이하게도 같은 차를 타지 않고 중년 부인 한 명과 젊은 여자분은 한 대로 어디론가 가고 관장님은 혼자 다른 차를 타고 나와 주재원은 또 다른 차에 타고 이동했습니다. 이동하고 미술관 꼭대기에 있는 카페에서 커피와 조각 케이크를 주문해 먹는데 별 할 말도 없고 해서 "관장님, 여기 미술관 관장이 세로타라는 사람입니다. 그분이 80년대부터 이 미술관을 준비해서 얼마 전에 개장한 것입니다." 그랬더니 대답이 이랬습니다. "네, 저도 잘 알아요. 아주 꼬장꼬장한 분이시죠."

"보신 적이 있으세요?"

"그럼요. 여러 번 뵌 적도 있어요."

그리곤 미술관을 둘러보며 약속한 대로 한 걸음 앞장서 조심스럽게 가이드를 하고 있었는데 어느 한 방에서 한참이나 작품을 감상하는 것입니다. 거기서 실수를 하고 말았습니다. 분명 작품 설명하지 말라고 주의를 들었는데 순간 이렇게 말했습니다.

"관장님, 저 작품이 레베카 혼(Rebecca Horn, 1944–) 작품입니다. 독일 드레스덴에서 공부하고 런던 세인트 마틴에서도 파인아트를 공부한 작가입니다. 카네기 상도 받았고요."

나도 모르게 주절주절 말을 이어가는데 관장님의 대답은 "아, 네. 저도 잘 아는 작가예요. 작품도 몇 점 가지고 있고요. 선생님도 이 작가 좋아하시나 보네요." 그 순간 얼굴이 빨개지고 창피해서 몸이 굳어버렸습니다. 사실 레베카 혼은 개인적으로 무척 좋아하는 작가였고 테이트 미술관에 오면 한참을 바라보며 작품 감상에 여러 번 빠졌던 작가였습니다. 특히 새의 깃털을 모터로 움직이게 하는 키네틱 아트는 당시로선 신선한 작품이었습니다. 거기다 그랜드피아노를 거꾸로 매달아 놓고 건반을 두드리며 소리가 나는 거대한 작품은 시선을 압도했습니다. 그런데 미술관에서만 보던 작품의 작가를 잘 알고 작품도 소장하고 있다는 데서 주재원분이 설명하지 말라고 했던 이유를 알아차렸습니다. 주책없이 본분을 잊고 아는 체하다 무안해진 꼴이 된 것입니다.

그다음부터는 조용히 작품을 감상하는 관장님 옆에서 넋 놓고 관람만 하다 마무리했습니다. 그동안 만났던 어느 누구보다 진지하고 2시간 정도를 한 번도 쉬지 않고 미술관을 둘러보는 그분의 예술에 대한 진심을 느낄 수 있었습니다. 여러 재벌 사모님들을 만났지만 참 오래 기억에 남는 분이었습니다. 그리고 감사하게도 짧은 시간 일을 끝내고 유학생 입장에서 상당히 큰 금액의 가이드비를 받았던 기억이 납니다. 그때 일을 주기 위해 연락을 주던 부장님이 나중에 S전자 대표이사가 되셨고 갤럭시 신화의 주인공이십니다. 유학 생활 내내 정말 감사한 분이었습니다.

영국은 어떻게 세계를
지배할 수 있었을까?

보통 영국 일주 여행을 하면 우선 영국의 지방도시가 참 깨끗하고 예쁘다고 느낄 것입니다. 그리고 사회시스템도 잘 되어 있다고 생각할 것입니다. 또한 영국을 한 바퀴 돌고 나면 이 나라가 어떻게 세계를 지배하고, 어떻게 그런 나라가 될 수 있었을지 한 번쯤 생각해 볼 것입니다. 비행기 안에서 영화도 보고, 식사도 하고, 그리고 피곤해 한숨 잠도 자야겠지만 잠시 시간을 내서 영국에 대해 돌아보고 생각할 시간을 가져 봤으면 좋겠습니다. 영국, 그리 큰 나라도 아니고 인구가 많지도 않은 나라임을 첫날 소개했는데 그럼 이 나라의 저력은 무엇이었을까요?

유럽엔 프랑스와 독일, 네덜란드, 스페인과 같은 강대국들이 있었습니다. 그런 강대국 사이에서 2등 국가였던 영국의 저력은 무엇이었을까요? 그 당시 영국이 변화하는 과정을 짚어 보겠습니다.

인류 역사상 인간의 삶을 바꿔 놓은 것은 농업혁명과 산업혁명을 들 수 있습니다. 그중 산업혁명은 영국이 유럽에서 가장 강력한 산업국가로 성장하는 기틀이 되었습니다.

인류의 삶이 크게 바뀐 원인은 바로 산업혁명입니다. 인류 역사상 풍요로운 삶을 영위할 수 있게 된 것입니다. 보통 혁명이라 하면 어느 날 갑자기 권력구도가 바뀐다든가 세상이 바뀌는 것을 상상합니다. 그러나 산업혁명은 하루아침에 이뤄진 것이 아닙니다. 오랜 시간 준비되었고 그 변화도 서서히 나타났습니다. 첫 변화의 시점은 '인클로저Enclosure 운동'입니다. 13세기 시작됐다고 하나 실질적인 것은 제1차와 제2차로 구분하는데 1차는 16~17세기로 봅니다. 농업에서 목축업으로 변화하는 과정에 공유지가 사유지로 바뀌면서 자신

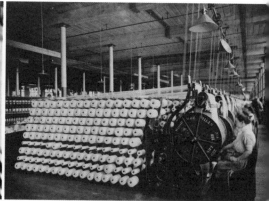

의 땅에 대한 경계에 울타리를 쌓는 것이었습니다.

중세에는 들이나 숲은 누구든지 이용하는 공유지였습니다. 따라서 이 공유지에서는 농사를 짓지 못하므로 가축을 방목하거나 땔감을 구할 수 있었습니다. 이런 공유지는 소유권을 주장할 수 없었던 시대이기 때문에 가난한 사람들은 공유지에 대한 의존도가 높았습니다. 이런 현상에 변화가 시작됩니다. 영국이 해상을 지배하기 시작하며 식민지가 늘어나고 그에 따른 부역이 발달하면서 농산물의 거래가 활발해지기 시작합니다.

그뿐 아니라 도시의 발달은 소고기나 돼지고기 외에 양고기의 수요도 늘어나 일부 부농들은 양고기를 팔아 부를 축적하기도 합니다. 물론 양모 산업도 발달하게 됩니다. 지주들은 수입을 늘리기 위해 농경지에 양을 방목해 키우는 목장을 만들기 시작합니다. 따라서 지주들이나 젠트리 계층들은 땅을 확보해 자신의 토지를 구분하는 울타리를 치기 시작합니다. 이에 따라 가난한 사람들은 공유지의 사용이 허락되지 않고 도시로 내몰리게 됩니다. 그것은 도시에 값싼 노동력의 기반이 됩니다. 자본가들은 소농민의 토지를 흡수하고 대농장을 경영하게 되고 농업의 자본주의 경영 토대를 만들어 줍니다.

대도시는 빈민으로 넘쳐나고 영국은 이미 구민법이 시행 중이었기 때문에 이들은 그에 따른 규제의 대상이 됩니다. 엘리자베스 1세 때 시행되던 구민법은 가난한 사람들이 구걸하려면 그 지역 영주의 허가를 받아야 했습니다. 국왕은 영주로부터 세금을 받는데 구걸면허를 받은 사람의 숫자만큼 세금을 감면해 주고 그 감면된 세금으로 빈민 구제에 사용하라는 것입니다. 그러나 영주들은 이 구걸면허를 남발하고 그만큼의 세금을 탈루하는 방편으로 써먹었습니다. 사실 빈민에 대한 관리를 이전에는 가톨릭교회에서 종교적 차원으로 행해져 왔는데 영국의 종교가 성공회로 바뀌면서 빈민에 대한 구제 및 관리가 영국왕의 책임이 되었기에 정부는 인클로저 운동으로 대도시를 떠도는 빈민들에 대한 강력한 정책이 필요했습니다. 구빈법

은 그동안 운영되던 구걸면허를 모두 무효화하면서 이들에게 일자리를 연결해 주는 법인데 사실은 정부의 재정건전화와 노동력의 생산성 증대가 더 큰 목적이었습니다. 결론적으로 이것은 시장이 많은 노동력을 확보할 수 있는 하나의 방편이 되었습니다.

영국은 17세기 들어 영국과 아프리카 그리고 아메리카 대륙을 연결하는 노예무역으로 인해 천문학적인 돈을 벌게 됩니다. 330만 명의 아프리카인들을 노예로 팔아 챙긴 이득은 산업혁명을 이끌어가는 원동력인 자본의 바탕이 되었습니다. 이렇게 영국은 값싼 노동력과 거대한 자본이 형성된 다음 제도적 장치가 가세합니다. 1688년 일어난 명예혁명으로 국왕의 권력이 의회로 넘어간 것입니다. 이에 따라서 사유재산이 보장되게 되고, 결정적인 원인은 바로 특허권입니다.

이전에는 누군가 새로운 무엇을 발명하더라도 그것은 또 하나의 공공재가 탄생하는 것이었을 뿐 발명자에게 돌아가는 혜택은 아무것도 없었습니다. 그러나 특허권은 발명가에게 아이디어 하나로 부를 축적하고 인생을 바꿀 수 있는 기회를 만들어 주었습니다. 그중 하나가 바로 제임스 와트의 증기기관입니다. 증기기관이 발명되고 그것을 활용한 또 다른 발명품이 셀 수 없을 만큼 나오게 됩니다. 증기기관이 처음 실용화된 것은 탄광의 물 빼는 기계였습니다. 영국은 낮은 지표면에 석탄이 매장되어 있었고 양질의 석탄은 증기기관을 운영하기 위해 충분했습니다. 또한 막대한 철광석이 같은 지역에 공존해 있었습니다. '증기기관', '철', '석탄'은 산업혁명의 3박자가 되었고 거기에 충분하고 저렴한 노동력, 그것을 운영할 수 있는 자본력을 모두 갖추고 있었던 것입니다. 증기선은 식민지의 면직물을 들여오고 증기기차로 운송을 하며 증기기관을 이용해 제품을 만들었습니다. 역순으로 완제품은 전 세계에 비싼 값으로 팔려나가는 선순환 구조가 완성됩니다. 이전까지 가축의 힘을 이용한 동력이나 큰 동력을 얻기 위해서는 개울의 물을 활용해야 했는데 이제 영국은 도시 인근에 거대한 공장을 세우고 증기기관만 있으면 어디서는 큰 동력을 활용해 대량으로 제품을 만들 수 있게 된 것입니다. 이것이 영국이 세계적인 부자가 되고 지배하는 바탕이 되는 '산업혁명'의 배경입니다.

영국은 어떤 매력이 있을까요? 반면 어떤 면에서 불합리한 역사가 있을까요? 여기에는 영국이 '신사의 나라', '해가 지지 않는 나라' 등 여러 수식어가 있습니다. 우리는 영국 일주를 하면서 여러 가지 영국의 역사와 사회 그리고 왕실에 대해서 많은 것들을 보고 듣고 갑니다. 거친 켈트와 앵글로색슨족을 통치하기에 매너나 예절은 꼭 필요한 영국인들을 다스리기에 필요했을 수 있습니다. 그들은 자신들의 법이 아닌 규칙과 통념이 있었습니다. 가진 만큼 사회에 봉사하고 기부하는 문화가 있었습니다. 이번에 우리는 폴 매카트니부터 타이타닉 사고에서 그들이 어떻게 행동했는지를 알았습니다.

영국은 무자비한 전쟁과 식민지를 늘리기 위해 악행을 저지르기도 했습니다. 그 대표적인 전쟁이 '보어전쟁Boer Wars'입니다. 영국은 그래도 명분과 자국의 명예를 위한 전쟁을 했다고 자부했지만 보어전쟁은 금과 다이아몬드를 차지하기 위한 전쟁이었고 잔혹하기가 영국군이 맞나 할 정도였습니다. 보어인은 남아프리카에 살고 있던 네덜란드계 백인입니다. 그들은 17세기 후반 가난하게 살고 있던 네덜란드를 떠나 이곳에 자리를 잡았습니다. 영국은 19세기 들어 호시탐탐 이곳을 노리다 결국 전쟁을 일으킵니다.

1차 보어전쟁에서는 그들이 세운 트란스발공화국이 승리합니다. 이어 진행된 2차 보어전쟁에서는 영국이 압도적 우위를 차지하며 승리합니다. 그도 그럴 것이 트란스발공화국 군대 8만 7천 명과 영국군 45만 명은 상대가 되지 않았습니다. 전쟁의 결과는 21만 명의 노약자를 수용소에 감금하고 그중 2만 3천 명이 죽습니다. 영국은 결국 1920년 트란스발공화국과 케이프타운 식민지를 통합해 남아프리카공화국을 탄생시킵니다. 그리고 막대한 금과 다이아몬드를 차지합니다. 명분 없는 전쟁을 본국에 알린 사람이 바로 윈스턴 처칠이었습니다. 전쟁 당시 포로로 잡히기까지 했던 그가 종군기자로 전쟁 시기에 직접 눈으로 보았고 기사를 작성해 송고했습니다. 이렇듯 영국의 역사는 정의롭지만은 않았습니다. 또한 모든 것이 신사적이지도 않았습니다.

영국은 멋있는 나라이지만 노예무역을 통해 부를 축적하고 세계를 지배하고 산업혁명을 일으켜 현대산업을 일궈냈습니다. 문학과 예술이 발달하고 현대문학을 이끌었습니다. 영국 곳곳을 다니다 보면 역사와 예술, 그리고 위대한 문학이 살아있는 것을 알 수 있습니다.

우리는 무언가를 배우러 온 것은 아니지만 영국 여행을 통해 한 시대를 풍미한 세계 역사의 중심을 보았고 세계 역사를 이끌던 이 나라의 과거를 보면서 현대를 투영할 수 있다고 생각합니다. 아마이번 영국 일주 여행을 하신 분들은 죽을 때까지 다시 이곳에 오지 않을 가능성이 높을 것입니다. 그러나 나머지 인생을 살아가며 영국에 왔었던 것을 정말 잘한 것이라고 생각할 것입니다. 왜냐면 여러 국가를 여행하면서 아름다운 자연을 보고, 그 나라의 역사를 이해하는 것과 영국을 여행하며 알게 되는 역사를 보면 인류의 삶에 끼친 영향이 너무도 크기 때문입니다.

"여행은 행복하고 즐거워야 합니다." 여행은 매일매일 설렘과 기대, 그리고 새로운 발견입니다. 영국 여행은 눈으로 보는 여행이 아닌 마음으로 느끼는 여행입니다. "왜 영국 여행을 떠나야 합니까?"라고 묻는다면 "영국 사람들은 일하고 살아가는 목적이 여행입니다."라고 대답하겠습니다.

로컬 가이드가 알려주는

10일간의 영국 일주
인문학 여행

초판 1쇄   2024년 4월 22일

지은이   임상우
발행인   김재홍
교정/교열   김혜린
디자인   박효은
마케팅   이연실

발행처   도서출판지식공감
등록번호   제2019-000164호
주소   서울특별시 영등포구 경인로82길 3-4 센터플러스 1117호{문래동1가}
전화   02-3141-2700
팩스   02-322-3089
홈페이지   www.bookdaum.com
이메일   jisikwon@naver.com

가격   20,000원
ISBN   979-11-5622-866-0   03920